JN409004

국회의원 이명수의
SNS시대 상생통합론

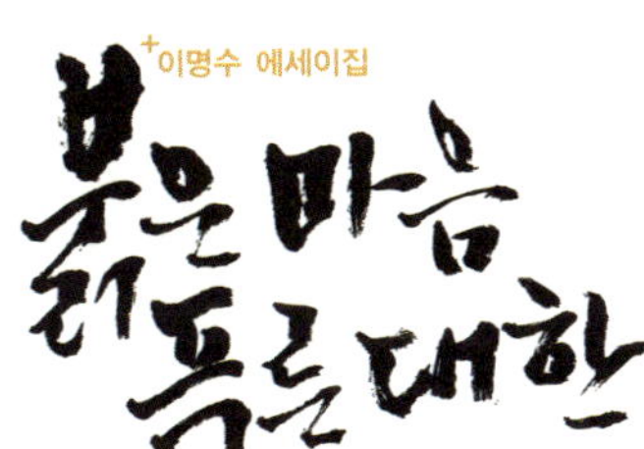

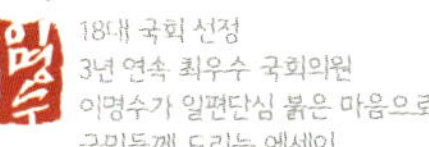

| 개정판 서문 |

개정판을 내며

책을 출간한 지 한 달이 채 안돼 출판사에서 개정판을 인쇄하자는 요청이 들어왔다. 지난 20여일 동안 많은 분들의 조언과 충고도 있었다. 모든 의견과 조언을 감사하게 생각하며 초판의 내용을 적지 않게 수정했다.

초판에 실었던 총 53편의 글 중에서 본래 기획 의도에서 조금 벗어났다고 후회되던 12편의 글을 빼고 초판에서 빠뜨렸던 3편의 글, 그리고 초판 출간 직후 다녀온 유럽 발틱 3국 의원 외교에서 느낀 점을 정리한 글 등 모두 4편의 글을 추가했다. 주로 지역적이거나 지엽적인 글들을 제외하고 '붉은 마음 푸른 대한'이라는 기획에 걸맞는 글들을 추가해서 다시 편집했다는 반성이다. 6월 말 책을 출판한 직후 10박 11일의 일정으로 국회의장님 공식수행차 발틱 3국 순방 기록은 오늘 우리 대한민국의 국격(國格)과 이를 실천해야 할 사명감을 함께 되새기는 의원외교 보고서였다.

표지도 새롭게 바꾸었다. 가급적 정치인으로서의 이미지보다는 수필가로서의 모습에 충실하라는 여러분들의 조언을 겸허하게 수용했다. 문인의 참다운 자세는 말과 행동이 함께 하는 모습이라는 다짐을 새삼 새기며 참된 글을 향한 배움의 자세를 다시 가다듬는다.

개정판이 가능하도록 많은 성원을 보내주신 독자 여러분들께 깊이 머리 숙여 감사의 절을 올린다. 아울러 초판 출간의 노고에 제대로 보답 드리지 못한 짧은 시간 동안 다시 재판 편집과 교정에 밤을 잊고 수고해주신 기획출판 오름의 모든 분들께도 감사 인사 올린다.

2011년 7월 **이 명 수** 쓰다

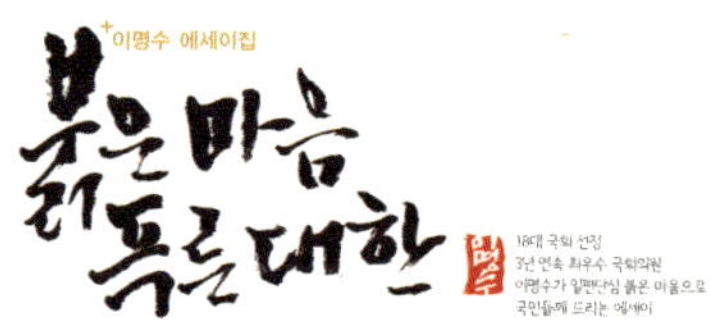

초판발행 _ 2011년 6월 24일
초판2쇄 _ 2011년 7월 27일
개정판발행 _ 2011년 8월 12일

지은이 _ 이명수
기획 _ 심상협
펴낸이 _ 김태웅
펴낸곳 _ 기획출판 오름
디자인 _ 이정훈
캘리그래피 _ 智銀(김명숙)
주소 _ 대전광역시 삼성동 122-2(2층)
T. 042-637-1486
정가 _ 13,000원

ISBN 978-89-90151-60-5

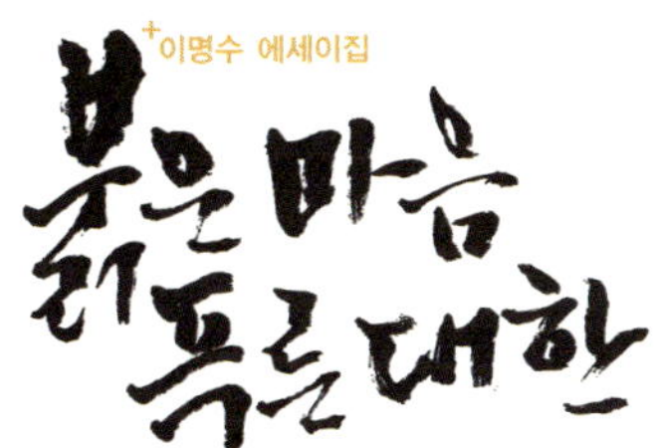

이명수

18대 국회 선정
3년 연속 최우수 국회의원
이명수가 일편단심 붉은 마음으로
국민들께 드리는 에세이

Orum Edition

| 추천사 |

그대 한 점 붉으라

사람을 영원히 젊게 하는 힘이 있다. 바로 늘 새로운 세계를 향하는 열정이다. 고향 후배이자 늘 새로운 모습으로 반갑게 하는 이명수 의원이 세 번째 펴내는 에세이집 원고를 읽어 내려가면서 그가 늘 새롭게 변화하고자 하는 사람이며, 늘 새로운 세계를 꿈꾸는 사람임을 새삼 느낀다.

나는 공직자로서 준수한 용모에 늘 성실하면서 겸손하던 그를 기억한다. 그런 그가 어느 날 정치인으로 변모했고, 변함없이 성실한 모습과 열정어린 활동을 보여주었다. 이번에 에세이집에서 새로이 발견한 그의 모습은 수필가로서의 모습이다. 더 정확히 말하자면 인문학도로서의 새로운 면모다.

늘 강조하듯이 인문학의 길은 인류가 이루어온 생각과 역사와 사랑의 바다에서 늘 새로운 정화(精華)를 길어 올리는 새로운 여정이며, 그 길은 첫 걸음을 두려워하지 않는 아마추어들이 열어간다는 믿음이다. 아마추어는 그 어떠한 대가를 바라지 않는다. 새로운 길 앞에서 그 길을 열어가는 것을 즐기며 그 자체를 목적으로 한다. 이명수 후배는 행정가에서 정치가로, 또 학자와 수필가로 늘 새로운 길을 열어왔다. 그러면서 그 어떠한 노림이나 대가가 없어 보여 순수한 아마추어의 모습이다. 그 참모습이 '붉은 마음 푸른 대한' 이란 에세이집에 고스란히 전해온다.

어린 시절 이발소에 걸려 있던 "삶이 그대를 속일지라도 슬퍼하거나 노여워 말라."는 푸쉬킨의 시 구절이 그가 내딛은 인문의 첫 걸음이라면 "한 조각 붉은 마음(一片丹心)"은 그가 열어가는 새로운 인문세계를 향한 깨달음이다. '일편단심(一片丹心)' . 그것은 평범한 남녀 사이에도 갖추어야 할 아름다운 마음가짐이자 조국이나 민족을 향해 나아가고자 할 때에도 변함없어야 할 소중한 덕목이다.

말뿐이라면 진부할 수도 있다. 하지만 행동으로 결연하기에 믿음직하다. 그는 그가 섬겨야 한다고 믿는 국민을 향해 '일편단심(一片丹心)'을 행하며, 근사(近思)와 절문(切問)으로 나아간다. 근사(近思)는 가까이 다가가 생각함이고 절문(切問)은 절실한 마음으로 묻는 것이다. 누구 가까이에서 무엇을 절실하게 묻는가? 바로 국민 곁에서 국민의 마음으로 절실하게 묻는다.

그는 정치인이자 인문(人文)을 사랑하는 수필가이다. 그래서 그가 그의 에세이들을 통해 나아가고자 하는 세계는 국민과 함께 사랑하고 나누며 열어가는 세상이다.

선인들은 시(詩)를 비롯한 글의 본분을 '풍(風)'이라 일렀고, '글로써 깨우침(諷喩)', '글로써 부조리를 바로잡음(諷刺)' 등을 글이 갖추어야 할 본연의 미덕으로 삼았다. 이명수 후배의 에세이는 이러한 글의 미덕에 충실하다. 그가 일편단심으로 따르는 국민의 편에서라면 대통령에게도 올바로 말하고자 하며, 질곡의 정치행태 또한 거침없이 바로잡고자 한다. 그가 정치인으로 입문한 후 3년여 동안 묵묵히 실천해온 입법과 정책의 행로에서도 이러한 모습은 첫 모습 그대로이다.

나는 이러한 이명수 후배의 생각과 행동이 하나인 글들 구절구절에 붉은 먹으로 비점(批點)을 찍어주고 싶다. 그리고 이 기회에 내 젊은 날의 글들을 아끼고 사랑해준 독자로서의 그에게 감사를 전하고 싶다. 아울러 인문을 사랑하며 늘 새로운 세계를 향하는 영원한 젊음의 마음으로 그의 에세이집 발간을 축하하고자 한다.

전 문화부 장관, 중앙일보 고문
이 어 령

| 추천사 |

近思(근사)와 切問(절문)의 미덕

평생을 글을 대하고 쓰며 살아온 나로서는 글을 읽으면 그 글을 쓴 이의 모습이 그려지곤 한다. 더불어 글에는 보탤 수도 깎을 수도 없는 진실이 담겨 있음을 느끼곤 한다. 아무리 미사여구로 치장한 글이라 해도 그 글에는 사람됨됨이와 살아온 모습이 거짓 없이 전해오기 마련이다.

이명수 의원과의 인연과 만남은 그리 많지 않았다. 공직자 시절 두세 번의 만남, 그리고 공사석에서의 우연한 몇 번의 만남이 전부다. 그리 깊지 않은 인연에도 불구하고 그의 이야기는 꽤 자주 듣게 된다. 그가 공직에 있을 때에는 그의 공손하면서도 강직한 품성에 대한 기대와 선망이 주된 화제였다. 그가 정치에 입문해서 두 번의 낙선과 함께 좌절했을 때엔 언젠가 그가 다시 일어나 우리 고장을 대변하는 선량으로 사명을 다할 것이라는 덕담이 화제가 되곤 했다.

기대와 선망대로 그가 국회의원에 당선되어 일하면서부터는 역시 기대에 걸맞게 열심히 잘한다는 칭찬이 뒤따랐다.

그런 그가 문득 내게 원고 한 뭉치와 함께 세 번째 에세이집의 발문을 부탁해왔다. 나로서는 수필가로서의 그의 새로운 면모를 대하게 되었다. 나는 그가 공식 문예지 신인상에 당선되어 활동하고 있는 수필가였다는 점을 최근에야 알게 되었다. 그의 새로운 면모와 함께 그의 글을 찬찬히 읽어 내려가면서 평소 만나고 들어왔던 그의 모습이 글에 고스란히 담겨 있음을 새삼 느낄 수 있었다. 한 걸음 나아가 그에 대한 세인들의 기대와 선망이 무엇 때문이었는지를 여실히 깨달을 수 있었다.

그는 단순한 문필가로서가 아니라 글에 생각과 신념을 담고 이를 실천하고자 하는 참된 의미의 문사(文士)였다. 그가 자신의 글을 통해 가장 가슴 깊이 전해주는 미덕(美德)은 바로 근사(近思)와 절문(切問)의 태도였다.

그는 수필가이자 정치인이다. 이 둘의 소임을 아우르는 미덕이 그의 글 편편에 담겨 있다. 그는 자신의 글에서 국민 가까이서 함께 생각하고 더불어 절실히 묻는다고 써

내려가고 있다. 그리고 그 답을 향해 '지금, 이곳, 우리'라는 화두를 새기면서 낮은 곳과 그늘진 곳에서 시민들과 늘 함께 고민하고 그들의 편에서 참된 의미의 정치를 행하고자 애쓰고 있다고 적고 있다.

그가 아무도 주목하지 않고 있는 대한민국의 국가승계에 대한 실천을 담고 있는 글편들은 특별히 잔잔한 감동으로 전해온다. 1910년 경술국치로 주권과 함께 간도 영유권까지 내어줘야 했던 비극의 우리 역사, 그 저편에는 광복과 일본 패전 이후에도 복원되지 않고 있는 중일간의 '간도협약'이 있고 분단의 비운 속에 우리 민족이 되찾아야 할 간도영유권으로 상징되는 대한민국으로서의 권리가 있다. 그는 우리 63년 헌정사에서 아무도 제기하지 않았던 대한민국의 권리 중 하나인 '간도협약 무효'를 당당하게 주장하면서 관련 법안을 제출했다고 기록하고 있다. 대한민국 국민이라면, 아니 대한민국 국회의원이라면 당연히 했어야 할 일이다.

이 뿐 아니다. 자칫 무관심과 그릇된 정치논리에 휩쓸려갈 과거사 청산 후속 조치에 대한 보완과 관심도 그가 기록하면서 행한 소중한 업적 중 하나다. 공직 전반에 남아있는 구태의 부조리와 모순을 바꾸어 나아가고자 애쓰는 모습도 가슴이 찡하게 다가온다. 약자의 편에서, 낮은 곳에서, 또 소외된 이들의 입장에 서서 꼼꼼히 법안과 제도를 바꾸고 일신하는 그의 열정도 새삼 다시 보게 되는 그의 참모습이다.

마지막 페이지를 읽어내려가기까지 그의 글 속에는 행함의 덕이 빼곡이 행간에 담겨 전해왔다. 주지하다 시피 최선의 글은 '앎(知)'과 '행함(行)'이 함께 하는 글이다. 그러므로 이명수 의원의 글에 담겨 전하는 큰 미덕은 '지행합일(知行合一)'이다.

마지막 페이지를 덮으며 그의 모습을 그려본다. 선후와 고하를 가림없이 늘 공손하고 정중한 그의 품성, 그래서 혹자는 그를 유약하다고 안타까워하기도 한다. 그러나 그의 에세이집을 읽다보면 그에 대한 그러한 통념을 단박에 뒤집게 된다. 그의 글을 읽으면서 알게 되는 새로운 참모습은 조용하면서도 묵묵히 행하는 그의 리더십이다.

글 속에 담긴 진정한 카리스마(charisma)에 대한 신념을 그대로 행하는 그의 모습을 통해 그에 사로잡히게 되는 매력이 압도적으로 다가오는 것은 그 때문이다.

그는 노자의 말을 빌어 경세(經世)의 바른 길을 전한다. '말하는 자는 알지 못하고(言者不知), 아는 자는 말하지 않는다(知者不言)' 는 그의 소신. 그는 말과 지식을 앞세우지 않고 오로지 행함으로써 우리 대한민국이 반드시 가야 할 길 하나를 고집스럽게 열어가고 있다. 그의 소신과 집념이 무서우리만치 강하게 전해온다.

새로 펴내는 그의 에세이집에 발문의 인연으로 참여하면서 그와 함께 그 길을 열어가는데 동참하고 싶다는 마음을 갖게 된다. 그리고 독자들에게도 일독과 더불어 권하고 싶다. 그가 꿈꾸는 '붉은 마음 푸른 대한' 의 길은 우리가 그와 함께 동참하면서 열어가야 할 내일이 아닌가 생각한다.

대전대대학원장(역), 대전문인총연합회장, UPLI한국회장

김 용 재

| 축사 |

문학인으로의 영원한 동행을 염원하며

사랑! 누가 귀하지 않다고 말 할 것이며 누가 많다고 흔하다 말 할 것인가?

대한사람들은 개천(開天) 이래로 사랑이 많은 민족이다. 사랑한다 사랑한다 떠벌리지 않고 마음 깊은 곳에서 은근히 배어 나오는 한국 사람들의 정과 사랑은 진실 그 자체여서, 목숨을 초개와 같이 버리면서까지도 나라와 민족을 사랑하고 보이지 않는 성심(誠心)으로 가족과 고향과 이웃을 사랑하는 민족이다. 사랑의 힘은 무한하다. 작은 나라이면서도 자기의 글과 말을 지켜 찬란한 문화를 지켜가는 국가와 민족이 세계를 통 털어 과연 몇이나 될 것인가?

그중에서도 이명수 국회의원은 나라사랑이 많은 사람이다. 그의 첫 번째 저서 〈숨은 사랑 찾기〉에서 보는 것처럼 그의 사랑은 구체적이고 광활하며 깊이가 깊다. '작지만 강하고 아름다운 나라', '물질적 풍요보다는 인간다운 삶과 평등하고 공동체적인 사회'가 그가 표방하는 나라사랑이다.

해마다 맞는 6월이지만 올해는 그 의미가 남다르다. 새 정부 출범 이후 중동의 포연은 멎었지만 안팎으로 나라가 어수선한 상황에서 국가와 민족에 대하여 다시 한 번 생각하게 해 주는 계기가 되기 때문이다.

조국을 위하여 희생된 젊은이들의
정신과 그 희생을 딛고 번영된 나라,
그 희생과 숭고한 정신을 잊어서는 안 될 것이다.

– 숨은 사랑 찾기 본문 중에서

이명수 국회의원은 충청(忠淸)과 아산(牙山)을 남달리 사랑하는 사람이다. 그의 두 번째 저서 〈아산사랑 충청사랑〉에서 보는 바와 같이 그는 충청인을 자부하고 아산인임을 자랑으로 살아가는 사람이다.

충청인을 흔히 '느린 사람들'이라는 자조 섞인 표현으로 비하하기도 한다. '멍청도'라던가 '충청도 핫바지' 등이 대표적인 사례이다. 그러나 내 생각은 다르다. 눈앞의 이익보다는 공동의 이익을 먼저 생각하고 타인을 먼저 배려하는 사람이 어찌 약삭빠르게 자신의 잇속을 챙기겠는가? 사익과 이권에는 느리고 양보심이 강하지만 대의와 대업에 목숨마저 주저없이 던지는 정신이 충청인의 정신이 아닌가 생각한다.

– '충청인의 마음 충청인의 미래' 본문 중에서

그는 또한 아산에 대하여 이렇게 다짐하며 사는 사람이다.

나에게 소임이 주어진다면 우리 아산의 상징인 이충무공이 그러하셨듯이 시민의 한 사람으로 백의종군하는 마음으로 우리 아산의 내일을 향해 시민 모두와 어깨에 어깨를 부둥켜 안고 힘차게 전진하고 싶은 마음을 다짐해 본다.

– '진정한 아산인으로 살기 위하여' 본문 중에서

이명수 국회의원은 수필가로서 문학과 예술을 사랑할 줄 아는 사람이다. 그는 수필 등단 소감에서 "이제 비밀의 언덕이 하나 생겼다. 이름 없이 피고 지는 들꽃처럼, 그 동안 낙서 같은 잡문을 썼다가 지우곤 했다. 이 부족한 글들이 다른 사람들에게 읽히다니 신기할 정도다. 문학인으로서 소임을 다할 것을 다짐한다."

– '고향 언덕에 올라 소감(所感), 소감(少感)을' 본문 중에서

이제 그의 세 번째 저서 〈붉은 마음 푸른 대한〉의 앞에 서 있다. 일편단심 내 나라 대한민국(大韓民國)에 대한 충성의 언약일 것이며 조국의 미래에 대한 푸른 다짐일 것이며 문학인으로서의 식물적 사랑일 것이다.

많은 사람들이 〈붉은 마음 푸른 대한〉의 출간을 축하하기 위하여 모일 것이라 믿는다. 그 자리에 모이는 사람들은 각각 이명수 국회의원에게 바라는 바가 다를 것이다.

나의 바람은 말 할 것도 없이 문학인으로의 영원한 동행이며, '이명수', 그가 불멸(不滅)의 작가로서 남아주기를 향한 염원이 될 것이다.

한국문인협회 아산지부장
김 송 하(본명 김종문)

| 차례 | 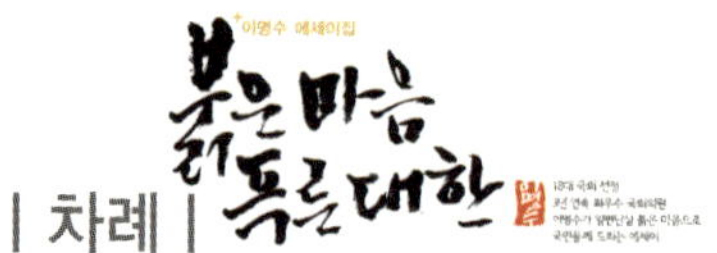

1부 국민통합의 첫 걸음, 소통과 공감

2부

大韓民國(대한민국), 大韓國人(대한국인)을 향해

3부 오늘, 대한민국은 소중한 선물입니다

| 저자 서문 |

한 조각 붉은 마음으로 푸른 대한을 향하여

살아오면서 두 권의 에세이집을 펴냈다. 2004년 25년 공직생활 동안 쓴 글을 모아 펴낸 〈숨은 사랑 찾기〉. 그리고 대학 강단에서 내가 몸 던져 일하고자 했던 아산과 충청에 대한 다짐과 염원을 담아 쓴 글을 모아 펴낸 〈아산사랑, 충청사랑〉. 그로부터 다시 5년, 두 권의 부끄러운 다짐과 염원 앞에서 새삼 스스로의 모습을 돌아보며 그간의 생각과 살아온 길을 돌아보며 세 번째 책을 엮는다.

앞서는 반성 하나. 너무 무거웠다. 생각도 마음도, 그에 따르는 행동조차도 너무 무거웠다. 25년 공직 생활을 하면서 국민의 공복으로서 책무를 다해야 한다는 '부책(負責)'에 대한 중압감이 관성화된 때문이었을까. 뒤돌아 훌훌 털어본다. 더불어 생각과 마음을 키우며 본받고자 했던 분들의 정신과 행동을 되새겨 본다.

아산인으로 자라면서 큰 바위 얼굴처럼 나를 이끌었던 충무공 이순신 장군. 당신께서 임진, 정유 양란을 승리로 이끌며 민족을 구하였던 그 발걸음은 '백의종군(白衣從軍)'이었다. 관직도 명예도 초개와 같이 떨치고 나선 125일간의 경기, 충청, 전라, 경상을 아울렀던 2천리 대장정, 당신은 그렇게 혈혈단신으로 전란에 신음하는 백성들 속으로 들어가 일편단심(一片丹心) 조국과 민족에 대한 생각과 행동 하나만으로 나라를 구하고 백성을 구하였다.

오늘 우리에게 '대한국인(大韓國人)'의 단지혈서(丹指血書)와 함께 구국의 유지를 남기신 안중근 의사. 당신 또한 권총 한 자루를 가슴에 품고 동양평화론의 웅대한 결단을 실행하였고 '대한국인(大韓國人)'의 기개와 유지를 길이 남겼다.

충청인의 한 사람으로 일제에 항거하면서 민족사학과 독립자주의 정신을 남긴 단재(丹齋) 신채호 선생 또한 스스로의 호에 조국과 민족을 향한 한 조각 붉은 마음을 새기고 망국의 한을 품고 압록강을 건넌 이후 뤼순 감옥에서 돌아가시기까지 홀홀단신 우국충정의 단심(丹心)을 불태웠고, '대한중흥(大韓中興)'을 향한 민족의 꿈을 남기지 않았던가. 단재는 〈이태리 건국 삼걸전〉을 펴내면서 "이 책의 인연과 이

책의 소개로 대한중흥 삼걸전, 아니 삼십걸전, 삼백걸전을 다시 쓰게 되는 것이 나 '무애생'(無涯生 ; 단재 선생의 호)의 피끓는 영원한 염원"이라 하였고 을지문덕, 최영, 이순신을 우리나라 구국의 '삼걸'로 기록하였다.

이 분들 뿐이던가. 나는 운이 좋게도 충남도에서 봉직하는 동안 만해 한용운, 백야 김좌진, 윤봉길, 유관순 열사와도 같은 많은 우국지사의 유지를 되새기며 족적을 따르고 깊이 추모할 기회가 있었다. 그 분들 모두 한결같이 오직 한 조각 붉은 마음으로 가벼이 몸던져 조국과 민족을 향해 나아갔고 오늘 우리 가슴에 뜨거운 숨결과 맥박으로 살아있다.

돌아보며 가슴에 새긴다. 오직 한 조각 붉은 마음, 일편단심(一片丹心). 그 마음 하나만으로도 능히 해내지 못할 일은 없으리라는 신념 하나 푸른 서슬로 새긴다.

이제 나 또한 오직 국민과 나라를 생각하자는 배움 앞에서 그 분들이 오직 일편단심으로 나아가고자 했던 세상이 어떤 내일이었는지를 함께 새긴다. 그 분들께서 거침없이 스스로의 개인적인 부와 명예와 욕심을 한 점 이슬처럼 떨치고 분연히 몸던져 가고자 했던 나라, 그 나라는 바로 '푸른 대한'이 아니었을까?

푸름은 민족 대대로 이어져온 희망의 상징이요, 지조와 절개의 사표이다. 태극의 푸름이요, 변함없이 지켜야 할 지조와 절의의 푸름이다. 단지 파랑색만을 의미하는 것이 아니라 늘푸른 녹색의 푸름이기도 한 것이다. 사철 푸른 송죽(松竹)의 푸르름이요, 희망과 하늘을 우러르는 천의무봉(天衣無縫)의 순수한 푸르름이기도 하다.

또한 백두의 칼날같은 낭떠러지 기슭에서 내려보는 천지(天池)의 푸르름이요, 백두를 등지고 간도벌판을 향해 서서 우러르는 준엄한 서슬의 푸르름이다. 죄스럽게 한반도를 외돌아 백두를 찾아야 하는 분단의 부끄러움을 뛰어넘어야 하는 다짐과 각오의 푸르름이요, 분단을 넘었을 때 비로소 선열들께 당당히 고할 수 있는 대한민국의 내일을 향한 푸르름이다.

어디 그 분들 뿐인가. 한 자 이름 남김없이 풀꽃처럼, 이슬처럼 몸던져 간 수많은 숨결과 맥박으로 면면히 살아 오늘 우리 가슴을 뜨겁게 하는 무명의 선열들. 이 산하, 때론 간도와 연해주, 나아가 지구촌 곳곳에 어린 그 분들의 땀과 혼백들. 그 분들이 염원하였던 푸르름으로 하여 오늘 우리가 꿈꿀 수 있고 나아갈 수 있지 않은가?

이제 한 걸음 나아가야 할 푸르름이다. 우리 아이들을 생각하며 우리가 짐지고 열어가야 할 사명의 푸른 대한이다. 말이 아니라 온 몸으로, 정신에 행동을 채찍질하여 열어야 할 대한의 푸르름이다.

이제 나는 그 푸른 대한의 미래를 한 조각 붉은 마음 일편단심(一片丹心)으로 내딛고자 한다.

지난 2008년 6월 나는 "대한민국은 자유민주공화국이다. 대한민국의 모든 권력은 국민으로부터 나온다."로 시작하는 헌법 앞에서 제18대 국회의원으로서의 소명을 시작하였다. 그리고 만 3년, 때론 자부와 긍지로, 때론 국민 여러분에 대한 사죄와 부덕의 반성으로 스스로를 채찍질하며 내달아왔다.

그리고 지난 2009년 연말부터 단순히 지금까지 지나온 기록들을 모아 펴낸 책 두 권을 반성하면서 내일을 향한 소신과 신념을 담아보고자 세 번째 책을 기획하여 펼치고자 하였다. 화두는 근사(近思)와 절문(切問)이었다.

더 가까이 시민들 속으로, 더 낮은 곳에서 함께 생각하자. 그리고 더욱 절절한 심정으로 묻고 행동하자. 그래야만 지금, 이곳에서 시민들이 간절히 원하는 내일을 함께 열어갈 수 있지 않은가? 묻고 또 물었고 답하고 또 답하고자 하였다. 그렇게 기고하고 또 정리하면서 얻은 작은 성과가 바로 '붉은 마음, 푸른 대한' 의 미래를 향한 소신과 비전이다.

내가 저 푸른 대한의 미래를 향해 몸던져온 선열들의 이름 앞에서는 발끝에도 미치지 못한다는 것을 모르는 바 아니다. 하지만 그럼으로써 더욱 간절하고 애끓는 마음으로 열성을 바쳐야 한다는 소신으로 임하고자 한다. 그리하여 오늘, 대한민국에서 꿈꾸는 모든 이들과 함께 하는 것이 부족하나마 내 본분이 아닐까 힘을 내본다.

최근 뉴미디어를 통해 직접 시민들과 소통하고 생각과 마음을 나누면서 '붉은 마음, 푸른 대한'을 함께 할 동행과 대동의 방법과 길도 열어가고 있다. 가볍게 다가오고 스스럼 없이 나눌 수 있는 사랑이 이렇게 가깝고, 또 이렇게 다양하게 열려있음을 실감한다. 마치 실핏줄로 이어진 하나의 생명체처럼 함께 공감하고 더불어 행동할 수 있음을, 그리하여 함께 꿈꾸고 더불어 나아갈 수 있음을 깨닫는다. 이제 붉은 마음 하나, 푸른 대한을 향한 소망 하나로 가볍게 행장을 추스른다. 무겁지 않게, 더불어 대화하고 소통하며 성큼성큼 내달아야 할 일이다.

쉰일곱 해 내 삶의 기록을 세 번째 책으로 엮으면서 여전히 부끄러움이 앞서는 것은 앞으로 내가 해내야 할 사명이 무겁다는 가르침으로 여기고 싶다. 그래서 우리 대한민국이 가야 할 대동과 화합의 내일, 나아가 통일과 중흥의 미래에 대한 다짐으로 단재 신채호 선생이 남기신 시 한 구절을 앞날의 사표로 새기고자 한다.

나는 네 사랑 너는 내 사랑
두 사람 사이 칼로 썩 베면
고우나 고운 핏덩이가
줄 줄 줄 흘러 내려오리니
한 주먹 덥썩 그 피를 쥐어
한(韓)나라 땅에 골고루 뿌리리
떨어지는 곳마다 꽃이 피어서 봄맞이 하리

– 1910년 압록강을 건너며
단재 신채호 선생이 남긴 詩
'한(韓)나라 생각' 全文

아울러 새긴다. 단재 선생을 비롯하여 수많은 애국 열사들께서 행적으로 남긴 가르침, '붉은 마음 푸른 대한'의 꿈을 새긴다. 그리고 내가 사랑하는 모든 분들과 우리 아이들과 더불어 그 희망의 아름다운 나라로 가고자 한다.

오늘 이 책을 펴내기까지 많은 분들의 아낌없는 사랑과 애정 어린 이끌어주심이 있었다. 먼저 오늘의 나를 일세워주신 할아버님, 할머님 두 분 영전에 이 책을 바친다. 또한 아직 내 가슴 속에서 나를 이끌어 주시는 부모님께도 못다한 보은의 인사를 올린다.

늘 아비로서 부족한 나를 믿고 따라주는 두 아이, 그리고 남편으로서 부족한 나를 깊은 사랑으로 지켜주고 도와주는 아내에게 감사의 마음도 전하고 싶다.

부족한 책의 발문을 흔쾌히 써주신 이어령 전 문화부장관님, 김용재 대전문인총연합회 회장님, 김송하 설화문학회 회장님께도 사은의 절 올린다. 책을 편집하고 교정하는 수고와 정성을 다해주신 디자이너 이정훈 선생님, 표지 제자를 써주신 서예가 지은 선생님, 그리고 교정과 교열에 애써 주신 오름 출판사 직원 모든 분들께 감사 인사 올린다.

2011년 6월 설화산을 바라보며
저자 **이명수** 쓰다

페이스북을 시작한지 5개월여가 지났다. 트위터를 비롯한 SNS를 욕심냈지만 페이스북 하나로도 벅찼다. 페이스북이 개성이 강한 네트워크라는 점을 고려하여 주로 내 생각을 담고자 노력했다. 가급적 뉴스에서 접할 수 있는 정치적 사안들도 피하려 했다. 또한 내 스스로의 행적을 홍보하기보다는 스스로를 돌아보고 조언을 구하려 노력했다. 공적인 의정활동과 관련한 부분은 보좌진들의 도움을 받기도 했지만 대개는 스스로 운영하려고 노력했다. 새로운 미디어가 소통과 공감, 나아가 국민통합을 향한 효과적인 매체라는 점에 동의한다. 반면 이를 위해서는 많은 시간과 노력이 필요하다는 점도, 또 이러한 **SNS를 비롯한 뉴미디어가 거대한 자본이나 권력의 도구로 전락할 때 그 위험성도 함께 깨닫는다.** 하지만 진심은 언제나 소통과 공감의 전제라는 신념은 변함이 없다. 초선의원이자, 초보 SNS운영자로서 더 열심히 더 겸허하게 임해야 한다는 각오다.

1부 국민통합의 첫 걸음, 소통과 공감

1부

국민통합의 첫 걸음

소통과 공감

'지금, 이곳, 우리'와 함께

소통과 공감의 길

우리는 살아가면서 늘 끝맺음과 새로운 시작의 자리에 선다. 새로운 시작의 자리에 설 때마다 되새기는 의미가 있다. '지금, 이곳, 우리' 바로 이 세 가지 키워드이다. 나는 3년 전 6월 제 18대 국회의원으로서 국민이 위임한 권리를 대행하는 준엄한 선서의 자리에 서 있었다. 그리고 3년여가 지난 오늘 다시 2011년 6월 대한민국 땅위에 국민들과 함께 서있다.

지난 57년의 내 삶을 돌아본다. 또한 지난 3년의 의정활동을 돌아본다. 변한 것과 변하지 않은 것이 있다. 지난 삶을 반성하면서 앞으로 살아갈 모습을 그려 본다. 앞으로도 변해야 할 것이 있고 변하지 말아야 할 것이 있다.

가까운 역사를 되돌아 보면 1392년 우리 민족은 한반도에 '조선(朝鮮)', 즉 '새로운 아침의 나라'라는 이름으로서 있었다. 그리고 세종조의 태평성대와 국운융성을 제대로 계승하지 못하고 임진왜란과 병자호란의 비운을 겪는다. 다시 나라의 힘을 일으켜 영정조 시대의 번영을 맞지만 서구와 일제의 근대화에 뒤쳐져 1897년 대한제국의 몸부림을 끝내 일으켜 세우지 못하고 1910년 경술국치의 나라 없는 서러운 민족이 된다. 1919년 우리는 상해 임시정부에서 대한민국의 기틀을 다지면서 1945년 조국광복을 맞지만 스스로 나라를 찾지 못한 한계 아래 분단과 6.25의 비극을 겪어야 했다.

내가 살아보지 못한 우리의 시대. 그 시대 우리는 한반도에서 어떤 이유로 융성과 쇄락의 기로에 섰던가? 그 해답 중의 하나가 바로 변화시켜야 할 것을 변화시키지 못하고 지켜야 할 것을 지키지 못했다는 점이라는 깨달음에 이른다. '지켜야 할 것과 변해야 할 것'. 그 척도는 무엇인가? 나는 그것을 올바로 결정하는 척도가 바로 소통에 의해 결정된다는 믿음이다. 우리나라뿐만 아니라 세께 역사를 보아도 위대한 제국은 민중과의 소통에 성공한 나라였다.

세종조의 국운 융성, 그 바탕에는 민본(民本) 정치의 근간인 맹자(孟子)의 왕도정치에서 발원한 '발정시인(發政施仁)'에서 한 걸음 더 나아간 '시인발정(施仁發政)'이었다. 세종은 즉위 교서에서 태조 이래 왕권을 놓고 피로 얼룩진 권력다툼의 와중에서 '어짊과 베품'을 앞세우고 실천하여 반대 세력을 끌어안고 백성을 끌어안아 태평성대와 국운융성의 위업을 이루어냈다.

힘들 때엔 민심수습과 민심통합의 가장 효과적인 정치캠페인으로 민생 현장을 답사하고 투어하는 방식을 선택하곤 한다. 오늘날엔 이러한 방식이 이미지메이킹이나 미디어전략에 치우친 대중조작의 전술로도 활용되지만 그 본질은 민심과 동행, 동반하려는 '장정(長征)'의 참모습에 있다는 생각이다.

우리는 이러한 '장정(長征)'의 참모습을 이순신 장군의 '백의종군(白衣從軍)'에서도 찾아 볼 수 있다. 이순신 장군은 1597년 4월 1일 옥문을 나선 후 8월 3일 다시 삼도수군통제사에 복위되기까지 125일 동안 경기, 충청, 전라, 경상 등 장장 2천 여리에 이르는 백의종군 과정을 '난중일기(亂中日記)'에 빼놓지 않고 기록하고 있다. 일기의 면면을 보면 평소 지인에서부터 이름없는 백성들에 이르기까지 많은 사람을 만나고 그 감회를 기록하고 있다. 돌아보면 이순신 장군은 125일 백의종군을 통해 민심을 파악하고 수습하는 동시에 정유재란을 승리로 이끌 전략과 각오를 다짐하고 있었음을 어렵지 않게 추론할 수 있다.

흔히 이 충무공의 위대성을 문무를 겸비했다는 점과 '난중일기(亂中日記)'의 기록정신에서 찾는데, 여기에 '백의종군(白衣從軍)'에 깊이 서려 있는 대장정의 정신을 더하고 싶은 이유가 여기에 있다.

2011년 나는 '붉은 마음 푸른 대한'이라는 대의 아래 국민의 공복이자 국민의 올바른 뜻과 요구를 섬겨야 하는 국회의원으로 서있다. 그리고 '지금, 이곳, 우리' 라는 역사의 가르침을 가슴에 새기며 대한민국, 대한국인의 미래를 향해 나아가고자 한다. 그 길이 작게는 아산과 충청에서 시작하여 크게는 세계를 향해 대한민국의 이름으로 나아가는 대장정(大長征)의 길이기를 소망한다.

더 빠르게, 더 가깝게,
현실화되는 소통의 힘

나는 '지금, 이곳, 우리' 라는 원칙 세 가지를 척도로 내가 자라고 살아오면서 만나온 소통의 방식들을 돌아보았다. 특히 우리 현대사의 중요한 변화와 격동의 현장에서 우리 미디어가 어떤 의미를 가지고 있는지를, 또 나는 어떤 방식으로 세계와 소통해왔고 영향을 주고 받아왔는가를 되짚어보면서 오늘 내가 가장 효율적으로 뉴미디어 시대의 소통방식을 정리해보았다.

어린 시절 우리가 세상을 만날 수 있던 통로는 편지, 라디오, 신문 등이 대부분이었다. 어린 시절 우리는 어버이날 '부모님 전상서' 로 시작하는 편지를 썼고, 스승의 날에는 지난 담임 선생님들께 감사의 편지를, 그리고 겨울방학이 가까우면 국군 장병들게 위문편지를 썼다.

새벽에 일어나면 김동완 통보관이 전하는 일기예보를 들으면서 마루를 내려서 마당을 쓸며 하루를 시작했고 저녁이면 호롱불 아래 연속극을 들으며 바느질을 하시는 할머님의 모습을 보며

잠들곤 했다. 일곱 살 때 쯤이었을까? 라디오에서 학생들이 데모에 나섰다는 다급한 뉴스, 그리고 이발소에 모인 어르신들이 큼직한 활자로 전하는 4.19 뉴스의 기억들이 떠오른다. 돌아보면 그 뉴스들은 일곱 살의 우리가 만난 4.19와 5.16 등의 격동의 역사였을 것이다.

다음으로 우리가 만난 세계를 향한 통로는 영화와 흑백 텔레비전이었다. 중학교 시절 모처럼 단체영화라도 보러 가면 월남소식으로 시작되던 대한 뉴스들. 그리고 먼 나라 미국에서 아폴로 호라는 우주선을 타고 계수나무 토끼 두 마리가 산다던 달나라의 환상을 뒤짚고 우주인이 달에 착륙했다는 생중계 모습. 중학교 3학년이었던 우리는 그 먼 나라, 먼 달나라의 이야기를 안방에서 생중계로 볼 수 있다는 사실에 놀랐었다. 그러면서 우리는 "우리는 민족중흥의 역사적 사명을 띠고 이 땅에 태어났다"로 시작하는 국민교육헌장을 큰 소리로 암송하며 자랐다.

고등학교를 졸업하고 대학에 진학했던 시절은 유신, 베트남전, 6·23 평화통일선언 등으로 어수선하던 시절이었다. 개인적으로는 공직에 입신하기로 결심하고 행정고시에 여념이 없던 시절이었고, 사회적으로는 조국근대화와 경제발전의 구호 이면에 전태일 열사 분신, 겨울공화국 등으로 상징되던 암울한 시대였다. 세계와는 단절된 현실, 그러나 세계는 우리 대한민국의 현실에 여전히 막대한 영향을 미치면서 우리 한국에 변화의 동인(動因)을 제공하고 있었다.

돌아보면 내가 행정고시에 합격하던 1978년은 애플사에서 퍼스널컴퓨터를 출시하고 서울대학교를 비롯, 우리나라 대학에서 계산통계학과라는 이름으로 컴퓨터 관련학과가 생겨났으며, 오늘날 컴퓨터와 인터넷으로 세계가 실시간으로 소통하는 큰 변화의 첫 물결이 조용히 시작되고 있었다.

우리 현대사에 격변을 몰고 왔던 1979년 10.26 당시 나는 아산시 수습사무관을 마치고 중앙부처 연수를, 12.12 사태 때에는 중앙공무원교육원 연수를 받고 있었다. 이듬해인 1980년 나는 광주민주화운동이 일어났던 5월 격동의 현실과는 단절된 채 비상계엄령하의 광주 상무대 보병학교에서 훈련을 받았고, 그해 6월 육군3사관학교로 발령받아 중위로 임관, 교수로 근무했다.

정치적으로는 암울했던 1980년대 초반은 컬러 텔레비전, 프로야구 개막, 비디오 등이 도입되면서 미디어의 혁명이 시작되고 있었다. 1986년 아시안게임, 1988년 서울올림픽의 국가적 변화의 시기에 나는 충남도에서 근무하면서 아동복지계장, 송무계장으로 근무했고 1987년 대전시 괴정동 공무원

교육원 교수로 행정학개론, 지방행정론 등을 강의하고 있었다. 이 당시에는 공공 업무 현장에 복사기와 팩시밀리가 보급되면서 문서복제와 원격 업무처리가 용이해졌다.

1987년 6월, 대개 서울권에서 민주화시위가 일어나던 과거와는 달리 그해 6월에는 대전에서도 민주화 시위의 물결이 휩쓸었다. 시위 대열도 처음 대학생 중심에서 사회생활을 하는 일반인들이 가세하기 시작했고 6월 10일에 가까워서는 대전역에서 충남 도청에 이르는 중앙로가 시위대와 최루탄으로 가득했다. 그 결과 대통령 직선제가 관철되고 도도한 민주화의 물결과 더불어 1988년 서울올림픽을 맞았다. 당시 충남도 법무관으로 근무하던 나는 맡은 업무 외에도 88올림픽 준비를 비롯한 여러 가지 일로 바빴다.

1991년 충남도 기획관으로 근무하면서 우루과이라운드로 밀어닥친 세계화의 물결에 대응한 농정 현안, 그리고 91년 기초의회 선거로 시작한 지방화 시대 등을 준비했다. 돌아보면 90년대 초반은 눈앞에는 세계화라는 거대한 물결이 몰려오고 있었고, 내적으로는 지방자치 시대 개막, 그리고 월드와이드웹(world wide web)이라는 만국공통의 인터넷과 정보교환이라는 새로운 정보화의 물결이 유럽 과학자들로부터 조용히 시작되고 있었다. 우리 주변에서는 '삐삐'라 불리우던 무선호출기가 보급돼서 실시간으로 업무 연락을 하면서 업무영역이 확대되기도 했다.

지금 생각하면 오늘날 지방화, 세계화, 정보화라 부르는 새로운 물결이 시작되고 있었고 '생각은 세계적으로, 행동은 지방적으로(Thlnk global, act local.)' 라는 구호가 현실화되고 있었던 90년대 초반이었다. 이러한 시기에 나는 관선시대를 마감하는 지방자치단체장을 맡아 금산군수로 부임했다. 김영삼 대통령이 취임하던 1993년 초, 쌀개방 사태로 시작된 문민정부 초반 모든 것이 불확실한 농정현실 속에서 새로운 것을 창조해나가야 했던 과도기였다.

이후 나는 98년까지 청와대와 당시 내무부에서 근무했고, 95년 전면 지방자치 확대 실시라는 변화를 준비하면서 나름대로 '로컬 거버넌스(Local governance)' 를 화두로 스스로를 돌아보면서 새로운 공공부문을 향한 미래를 연구했다. 그리고 이러한 준비는 97년 충남도 기획정보실장으로서 도정 전반의 기획과 정책 업무를 총괄하면서 디지털 미디어 시대를 맞고 있었다. 막 확산되기 시작한 인터넷은 공공부문에서도 기획, 홍보, 정책 등 지원부서에서 시작하여 현업부서에까지 업무 변화와 확대라는 변화를 불러왔고, 이메일, 홈페이지, 휴대폰 등을 통해 주민과의 소통이 확대되고 가까워지기 시작했다.

97년말 IMF 사태가 도래했고 예기치 않은 변화에 긴급히 대응해야 하는 세계화 시대 국가경제와 행정시스템이 절실함을 되새기게 했다. 나는 전국에서는 처음 지방정부 차원에서 IMF 사태에 대응하는 태스크포스팀을 구성, 금모으기를 비롯한 범도민 차원의 대응, 농정과 산업현장에 대한 정책적 대비 등에 앞장섰다.

98년 민선 2기가 개막되던 해 나는 충남도를 떠나 2002년까지 국무조정실 자치행정심의관과 안전관리개선기획단 부단장의 직무를 수행했다. 서울올림픽 이후 세계가 주목하는 한일월드컵 공동개최를 준비하는 시기였고, 나는 교통사고를 비롯한 안전사고면에서 심각한 우리 현실을 개선하기 위해 매스컴과 공동캠페인을 비롯, 속칭 '카파라치'로 불리우던 고육지책까지 동원하면서 교통사고율을 비롯한 안전사고율을 대폭 줄일 수 있었다. 나는 우리나라를 찾을 세계 각지의 관광객들에게 '안전한 한국'의 이미지를 홍보하는 첨병의 역할을 자임하여 수행하였다. 나는 이러한 경험을 통해 매스컴을 비롯한 미디어의 영향력이 크게 확장됨을 실감할 수 있었다.

2002년 나는 다시 충남도 부지사로 자리를 옮겨 2002안면도 꽃박람회 개최를 비롯, 민선3기 충남도정의 일선에서 일했다. 그해 우리는 연말 인터넷과 휴대폰 등 뉴미디어를 결합한

'붉은 악마' 와 이들을 중심으로 범국민적인 거리응원 속에서 월드컵 4강 신화를 경험했고, 연말에는 이른바 '노사모' 로 상징되는 새로운 미디어의 물결 속에서 노무현 대통령과 참여정부의 탄생을 경험했다.

2004년 말 공직을 마무리하고 정치인으로 첫발을 내디딘 나는 아산시선거구 국회의원에 출마했고 '탄핵 폭풍' 의 격랑 속에서 2%대의 근소한 표차로 낙선의 경험을 맛보았다. 정치 초년병으로서 낙선 후유증을 정리하고 학계로 자리를 옮기면서 25년 공직생활과 낙선의 배경을 되돌아보고 스스로를 성찰할 기회를 가질 수 있었다.

나 스스로의 부족함을 돌아보면서 인터넷, 휴대폰을 비롯한 이동통신의 미디어 환경에서 이러한 수단을 통해 직접 정치현장에 참여하고 정책방향의 물꼬를 트는 새로운 세력의 영향력이 새로운 시민권력의 모습으로 대두되고 있음을 확인할 수 있었다. 학계에서는 이를 '스마트몹' , 또 '노마드' 등의 개념으로 예견하고 있었고, 유엔미래포럼을 비롯한 세계의 선진적인 미래보고서에서는 이들 새로운 미디어를 주축으로 한 시민세력이 미래 정치지형을 뒤바꿀 것으로 예측하고 있었다. 나는 이러한 새로운 미디어 환경 속에서 소통의 힘이 더 빠르고 더 가깝게 우리 현실을 변화시키고 있음을 곳곳에서 눈으로 확인하며 실감할 수 있었다.

결론적으로 내가 자라고 공직에 근무하면서 접한 미디어 환경은 일방적인 매스컴 미디어가 대부분이었고, 나는 수동적으로 뉴스와 정보를 수용해왔다는 성찰에 이르게 되었다. 내가 능동적으로 정보를 획득하거나 찾는 방식은 대부분 자료요청이나 직접적인 만남을 통해서였다. 하지만 뉴미디어 시대, 즉 SNS 시대의 정보유통과 커뮤니케이션은 다르다.

나는 이 대목에서 행정 일선에 섰던 금산군수 시절 '지금, 이곳, 나와 우리'라는 세 가지 키워드를 행하고자 노력했던 93년을 떠올린다. 나는 1993년 처음 지방자치단체장으로 발령을 받아 금산군수로 근무했다. 언제 인사명령으로 금산을 떠나야 할지 모르는 관선 시절. 나는 짧을지도 모르는 재임 기간 내가 파악한 현안과 또 내가 구상한 금산군민의 비전을 금산군 공직자들과 금산군민들과 더불어 공유하면서 추진할 수 있는 가장 효율적인 로드맵을 고민했다. 가장 먼저 시행한 것이 바로 실과를 돌며 실행한 현장 결재였다.

당시나 지금이나 관료주의적인 결재 위주의 행정은 결재대기와 토론부재라는 문제점을 갖고 있다. 현장 결재를 하면 직접 기안을 한 일선 공직자부터 의사결정과정에 참여하는 계과장급 상급자들과 함께 실무현장에서 토론을 하며 의사결정을 할 수 있다는 장점이 있다. 또한 군수실 앞에 줄서서 대기하는 결재 행렬을 없애서 즉시 행정을 실행하는 장점도 있다.

이러한 현장결재와 더불어 민생 현장 행정 속으로 들어갔다. 새벽에는 청소과 직원들과 함께 금산 읍내 곳곳을 돌며 함께 쓰레기를 수거하고 해장국을 나누었다. 요즘은 대부분의 환경미화원이 용역회사 소속이지만 당시에는 군청 소속 공직자였다. 그리고 흔히 3천여 개의 산으로 이루어져 있다는 금산 오지 곳곳을 빠짐없이 찾았다. 지금은 도로사정이 많이 좋아졌지만 그 당시만 해도 비포장도로나 도로가 이어지지 않고 마을에서 끝나는 산간 오지가 가장 많은 곳이 금산이었다.

내가 일하는 곳은 집무용 책상을 없애고 회의용 책상으로 대신했다. 그리고 가능한 서서 집무를 하는 경우가 많았다. 그래서 군수실을 찾아온 어떤 내빈께서는 군수집무실에 들어와서 집무용 책상 없이 회의용 책상 앞에 서있는 나를 보고 "군수님, 어디 가셨느냐?"는 질문을 하신 적도 있었다.

당시 내가 생각했던 금산군정의 3가지 키워드, '지금, 이곳, 우리'는 '쌀개방'으로 상징되던 우루과이라운드가 시작되던 개방화 시대, 91년 기초의회 선거가 시작되고 95년 전면 지방자치가 예고되던 지방화 시대의 '지금', 산간과 오지가 많고 인삼이라는 특산물을 가진 '금산땅'이라는 '이곳',

그리고 그 금산 땅에서 개방과 지방화시대의 자족과 자립경제를 창출해야 하는 군민이라는 '우리' 였다.

나는 금산군수 시절 이후 어느 곳에서 일하든 '지금, 이곳, 우리' 라는 세 가지 명제를 잊지 않았다. 이제 20여년이 지난 지금 좀더 나은 민주주의, 좀더 국민의 여망에 가까운 정치와 정책은 '지금, 이곳, 우리' 라는 세 가지 키워드가 실시간으로 언제, 어디서나, 누구에게든지 찾아가고 대화하며 신뢰 속에서 공정한 정책을 실현해 나아가는 소통에 달려 있다는 결론에 이른다. 그리고 이러한 환경변화에 적응하면서 좀더 국민 가까이에서 좀더 빠르게 국민의 요구에 부응해야 하는 국회의원으로서의 본분을 다하려면 그 열쇠는 소통에 있고, 그 채널은 바로 지금 내 눈 앞의 페이스북을 비롯한 뉴미디어에 달려 있다는 깨달음에 이른다.

페이스북

더 넓고 깊은 만남과 소통을 향해

지난 1월 나는 그동안 벼르고 벼르던 페이스북을 시작했다. 사실 인터넷과 관련한 뉴미디어인 블로그, 카페 등은 국민들과 소통의 한 형태로 활용하고는 있었고, SNS(소셜 네트워크 서비스 ; Social Network Service)의 한 형태인 싸이월드를 개설해서 활용하고는 있었지만 그리 적극적인 활동을 하지는 못하고 있었다.

내가 페이스북을 시작했다고 하자 딸아이가 SNS에 관한 책을 사주었지만 책만으로 공부하면서 따라잡기는 역부족이었다. 공적인 사안과 관련해서는 국회 보좌진들의 도움을 받고, 개인적인 사안들은 틈틈이 담벼락 글이나 노트로 올렸다. 마침 신년 초였고 설날이 가까워 간단한 신년메세지로 시작하였다. 설이 가까워 오면서 아산 곳곳 어르신들을 찾아뵈며 느낀 점들을 올리기도 했다. 그러면서 가장 먼저 느낀 점은 페이스북이 나만의 일방적인 메시지의 장이 아니라는 점이었다. 친구 신청이 이어지고 나 또한 틈틈이 친구를 찾아 나섰다.

어떻게 하면 새로운 친구들, 나에게 진전한 조언을 해줄 수 있는 친구들의 의견을 만나고 발전적인 의정활동의 계기로 삼을 수 있을까 고민하기 시작했고 나름대로 몇 가지 원칙을 정했다.

첫째, '지금', 즉 우리가 사는 오늘에 충실하자는 것이었다. 오늘의 나, 오늘의 우리가 있기까지는 수많은 공동체의 역사가 바탕이 되었고, 그 키워드는 설날, 대보름, 추석 등과 같은 공동체의 풍속, 그리고 대한민국에 사는 한국인으로서 기려야 할 삼일절, 현충일, 제헌절, 광복절, 개천절 등과 같은 국경일, 또 어린이날, 어버이날, 스승의 날 등과 같은 기념일들이 있다. 한 걸음 더 깊이 돌아보면 역사 속에 오늘 어떠한 일이 일어났는지 되새길 수 있는 수많은 사건들을 통해 오늘 우리의 모습을 돌아볼 수도 있다. 나는 페이스북을 통해 이러한 지금 나와 우리의 모습을 되돌아보고 뿌리를 생각하며 내일을 향하고자 하였다.

둘째, '이곳', 즉 지역구인 아산의 현장의 목소리들을 만나자는 것이었다. 내가 페이스북을 하는 분명한 이유는 국회의원으로서 지역주민의 가감 없는 현장의 목소리를 듣는 것이었다. 그래서 농촌에서 땀흘리시거나 장사를 하시거나, 또 지역의 산업현장, 공직을 수행하시는 분들의 공무 현장, 가정에서 아이들을 기르며 고민하시는 주부들과 학교에서 아이들을 가르치시는 분들의 교육 현장 등을 찾아가고 만나고자 하였다.

셋째, '나'와 '우리'의 공동관심사를 만나고자 하였다. 내가 의정활동을 하면서 언론을 비롯한 기존의 미디어만으로는 부족하다고 생각하는 부분에 대해서 더 폭넓고 직접적인 여론과 의견을 구하고자 하였고, 우리 사회 각계 각층에서 공론화되고 있는 공동관심사와 현안들을 찾아가 의견과 제안을 만나고자 하였다.

이제 5개월여가 지난 지금 내가 이 세 가지를 원칙으로 나아가고자 하였던 페이스북을 비롯한 SNS(Social Network Service)를 통해 소통해온 성과를 조심스럽게 점검해본다. 페이스북부터 조금씩 운영해 나아가면서 내가 꿈꾸어오던 '지금, 이곳, 우리'가 직접 참여하고 소통하며 적시에 실현해 나아가는 정책 모델의 가능성을 예감하기 시작했다.

첫째 페이스북에서는 '지금'이라는 시간에 할 수 있는 일들을 무한에 가깝게 넓혀 준다. 대개 안드로이드 폰에 익숙하지 못한 내가 컴퓨터 앞에 앉는 시간은 늦은 밤 시간이나 이른 새벽 시간, 6월 초 현재 2,300여명에 가까운 '친구'들의 다양한 일상적인 소식과 더불어 긴요하게 면담, 제안이 담긴 메일이나 쪽지 등의 전언을 접하곤 한다.

예를 들면 행정안전위 소속 경찰이나 소방 공무원의 근무시 애로점이나 개선사항, 민원 등이다. 그런 경우 바로 연락해서 면담이나 통화를 통해 내가 해야 할 직무를 실시간으로 확장할 수 있다.

자신을 평범한 아산시민이라 소개하는 시민들의 민원과 안부도 실시간으로 접할 수 있었다. 이른바 '립싱크 금지법'으로 논란의 대상이 된 법안에 대한 적절한 해명도 페이스북과 트위터로 할 수 있었고, 따끔한 충고나 더 앞선 제언과 조언도 감사히 접할 수 있었다.

둘째 페이스북의 경우 '이곳'이라는 지면을 무한에 가깝게 넓혀준다. 페이스북을 시작하자마자 해외공관에 나가있는 과거 동료 공직자, 선후배님들의 친구 신청, 그리고 반가운 만남이 이어져 너무나 즐거웠고 새로운 만남도 이어졌다. 후배님으로만 알고 있던 언론인의 참모습을 깊이 알게 되기도 하고, 우리 아산의 젊은 농어업인들과 교우하며 값진 농촌 현장의 애로와 땀을 느낄 수도 있었다.

지난 5월 27일 조용히 주민 주도로 시작된 '내이랑마을 고물상 벽화 그리기'와 같은 캠페인은 페이스북이 아니었다면 모르고 지나쳤을 소중한 만남과 체험의 현장이었고, 그날 아산 시민의 한사람으로서 참여하여 자원봉사자들과 함께 흘린 땀은 앞으로 더 값지고 소중한 일들이 펼쳐지리라는 행복한 예감에 부풀게 해주었다.

요즘 열심히 활동하는 아이돌 그룹 '걸스데이' 멤버 지해 양 어머님도 알게 되었다. 지해 양이 온양에서 초등학교를 다닌 고향 후배이자 대학 후배라는 인연을 알게 되어 그 열정과 땀의 참모습에 감동하며 개인적으로 팬이 되기도 했다. 아산 곳곳 산업현장 노조원 여러분들의 눈물겨운 애로도 공감하면서 미력하나마 내가 도울 일들을 찾으며 함께 할 수 있었고, 부당하고 비윤리적인 자본에 희생양이 된 농촌공동체를 일으키려는 눈물겨운 젊은 농업경영인의 진솔한 고백도 들을 수 있었다.

대학을 졸업하고도 일자리를 찾아 영세한 임시직이나 일용근로 산업현장에서 애태우고 있는 청년들의 숨은 고통에 공감하면서 묵묵히 자신의 본분에 충실한 많은 분들의 숨결과 맥박도 있는 그대로 전해왔다. 또 아산이나 충남지역이 아니더라도 전국의 지자체, 농정 현장, 치안과 민생 현장의 목소리와 제언을 수시로 접할 수 있고 내 일정에 채찍을 가할 수 있었다.

셋째 '우리'라는 공동체가 '지금, 이곳'을 뛰어넘어 정말 '지방화-세계화-정보화'라는 확장된 개념의 '우리'를 만나고 새로운 가치, 새로운 일, 새로운 사업 등을 함께 추진해 나아갈 수 있다는 점도 새로운 깨달음이다. 페이스북에는 다양한 페이지, 그룹들이 하루가 다르게 열려가고 있고 그곳을 통해 전문분야와 전문분야의 교유와 연대, 새로운 비즈니스 모델이나 봉사, 또는 협력모델이 끊임없이 생겨나고 모이고 만들어지고 있다.

페이스북에서 가장 먼저 만난 공동체는 아산시를 비롯 지역을 중심으로 한 공동체, 초중고에서 대학에 이르기까지 각급 학교 동문들을 중심으로 한 공동체와 학교 선생님들을 중심으로 한 학교

단위의 공동체 등이 그것이다. 한 걸음 나아가면 충남도청, 아산시청, 소방서, 경찰서 등을 비롯한 공공부문의 커뮤니티를 만날 수 있고, 청와대, 대한민국국회, 행정안전부 등과 같이 내 업무와 직간접적으로 연결된 페이지들을 만날 수도 있다. 무엇보다 소중한 것은 시민 스스로가 만들어 가꾸는 행복한 아산시, 작은 도서관, 아산시민방 등과 같은 이름이 붙은 작지만 아름답고 잔잔한 감동을 주는 커뮤니티들이다.

간혹 회원이 많고 마케팅을 중심으로 한 페이지나 커뮤니티도 접하지만 이러한 영리적인 SNS(Social Network Service)는 내 기본적인 원칙이 시민과의 소통에 있음을 감안하여 가급적 친구맺기나 좋아요 등의 교류나 가입을 피하고 있다. 페이스북에는 하루가 다르게 새로운 페이지와 커뮤니티가 늘어나고 있다. 종교와 참선 등을 주제로 한 공동체, 봉사활동이나 등산과도 같은 동호회를 테마로 한 공동체, 또는 독서나 교육과도 같이 공익적인 정보와 교육을 공유하는 커뮤니티들은 소중한 배움의 기회를 좀더 가까이 제공하기도 하는 고마운 SNS의 장이기도 하다.

이제 책 출판을 준비하면서 평소 내가 페이스북을 비롯한 SNS를 통해 바라던 국민통합을 향한 소통의 가능성, 그리고 현장의 모습들을 접하고자 했던 몇몇 소중한 이야기들을 정리해본다.

페이스북에서 만난
'내이랑마을'의 작은 기적

내일 어린이 날인데 무언가 값진 마음을 전하고 싶어 생각하다가 〈연탄길〉 작가 이철환 님의 아름다운 고물상과 달동네 이야기가 생각나 "오랫동안 꿈을 그리는 사람은, 마침내 그 꿈을 닮아간다"는 제목의 이야기를 찾아 코끝 찡하게 읽고 있는데 이철환 작가님의 고물상 못지 않게 아름다운 고물상 이야기가 페이스북에 올라있네요. 그것도 우리 아산시 영인면 신봉리에 말입니다. 김금숙 님의 페이스북에 '내이랑정보화마을'의 미관을 해치며 눈총을 받는, 하지만 홀어머님을 모시고 사는 이정수 님의 소중한 삶터인 고물상에 아름다운 그림을 그리자는 소식이 떠있었습니다. 아~ 아름다운 감동은 이철환 님의 작품에만 있는 것이 아니라 바로 우리 곁에 있었습니다. 김금숙 님께 감사한 마음, 깊이 배우는 마음입니다.

– 2011년 5월 4일
'아름다운 우연' 이란 제목으로 페이스북에 올린 글

지난 5월 27일 나는 자원봉사자의 한사람으로 삼성 자원봉사자분들과 함께 내이랑 마을 초입 고물상 벽화그리기에 참여했다. 페이스북에서 만난 김금숙 님을 통해 우리 고장 아산에서 시작되고 있는 작지만 소중한 변화의 현장에 참여할 수 있는 값진 시간이었다.

내가 알고 있는 내이랑마을은 박홍순 이장님과 시인이신 부인께서 가꾸어가는, 6월이면 박 이장님이 장모님께만 드린다는 귀한 흰 오디와 더불어 검붉은 오디가 익는 마을이다. 그리고 상수도 문제를 해결해달라는 소박한 민원이 있고 삼성과 1사1촌을 맺어 도농교류의 내일을 열어가는 정보화 마을이기도 하다.

아산시 영인면 내이랑 마을 벽화그리기 첫 날 공정인 청소와 녹제거, 그리고 밑그림 칠하기 작업이 끝난 후 다음 공정을 토론하는 관계자분들. 기둥에 가린 분이 김금숙 님, 흰 모자 쓰신 분이 박현 단장님, 흰 모자에 가린분이 박홍순 이장님, 그리고 맨 오른 쪽이 박종성 영인농협 조합장님이다.

우연히 페이스북에서 김금숙이란 분을 만나게 되었고 "내이랑 '해보고 싶다'는 꿈을 꾸다"라는 제목의 고물상 담벼락에 벽화그리기를 한다는 소식을 접했다. 김금숙 님은 이곳 정보화 마을 관리자로 보통사람이라면 엄두도 못낼 벽화그리기 프로젝트를 추진하고 있었다. 대기업이나 지방정부의 지원을 바랄만도 한데 김금숙 씨는 그렇지 않았다. 몇 번의 쪽지와

녹슬고 흉물스럽던 내이랑마을 초입 고물상 담벼락이 자원봉사자분들의 참여 속에 아름다운 희망의 이미지가 담긴 기적의 벽화로 변모했다. 뒷모습을 보이며 서계신 분은 태안 유류사고로 얼룩진 절망의 현장을 희망의 현장으로 바꾸는 계기가 되었던 충남 태안군 이원면 이원방조제에 길이 2.9km, 높이 7.2m의 벽화를 연출한 박현 단장님이다. 박 단장님은 우연찮게 김금숙님과의 만남으로 내이랑마을 벽화그리기에 참여해서 또 한 번 작은 기적을 연출해 주셨다. (사진은 김금숙 님 페이스북에서)

담벼락 글들을 주고 받으면서 나에게도 작은, 하지만 소중한 요청이 왔다. 하루 정도 자원봉사자의 한 사람으로 참여해 달라는 요청. 나는 만사를 제쳐 놓고 달려갔다.

그리고 그곳에서 소중한 땀방울로 작은 기적을 현실로 만들어가는 삼성 자원봉사자 분들, 그리고 어렵기만 하던 디자인과 밑그림들을 총괄해주신 박현 단장님과 더불어 값진 한나절의 땀을 체험할 수 있었다. 페이스북을 계기로 참여하게 된 내이랑마을 벽화의 작은 기적은 SNS라는 가상공간의 만남이 현실 속의 현장으로 이어질 때 아무도 예상할 수 없는 변화를 창조할 수 있다는 희망을 경험하게 해주었다.

이 과정에서 만난 삼성의 자원봉사자 여러분들, 그리고 이 사업을 주도하신 김금숙 님을 비롯, 박현 총괄 감독님 부부, 박흥순 이장님 부부, 조선호 부위원장, 박종성 영인농협 조합장님, 정보화마을 운영사업단 박종범 님, 윤재송 사무장님 등 모든 분들게 감사의 마음을 전하고 싶다. 나아가 앞으로 제2, 제3의 내이랑마을 작은 기적들이 우리 아산뿐만 아니라 전국 곳곳으로 물결쳐 나아가길 기원한다.

SNS에서 나누는
소중한 아산의 공동체

페이스북에는 내가 찾는 크고 작은 행사 현장 모습을 올릴 때가 있다. 대개 내 자신이 행사장 내빈석에 앉아있는 경우가 많아 함께 수행하는 보좌진이 사진을 대신 찍어줄 때가 있다. 하지만 나 혼자 참여하는 경우가 많아 그조차도 쉽지 않을 때가 있다. 돌아보면 큰 행사보다는 마을 단위의 작은 모임이나 행사에 아름다운 사연이나 정이 담길 때가 많다. 그 중 두 현장을 함께 나누고 싶다.

5월이면 아산 일원에서는 크고 작은 경로잔치가 열린다. 많은 분들의 정성이 모이고 성대하게 치러지는 행사도 있고 조그만 정성이 모여 조촐하게 치러지는 행사도 있다. 그 중 작지만 소박한 정성이 모인 마당들이 더 정이 가고 꼭 시간을 내어 참석하려고 노력한다. 오늘 우리 어르신들께는 한 그릇 밥과 한 잔의 술보다는 이러한 자리를 만드는 소중한 마음들, 그리고 그 따뜻한 공동체의 만남을 더 애타게 바라신다는 믿음 때문이다.

지난 5월 3일 둔포 3리 부녀회 분들이 마련하신 경로잔치 마당을 찾았다. 둔포 3리 마을 공터에 조그맣게 차려진 잔치마당, 옛모습대로 솥을 걸어 국밥을 끓이고 한 켠에서는 고기를 구어 정성스런 잔치마당이 열렸다. 그 분들에게는 금전적인 그 무엇보다 함께 찾아서 즐겁게 흥을 나누는 잔치가 필요하다는 깨달음을 한 번 더 하게 된다. 일정에 쫓기면서도 차마 그 어르신들의 따뜻한 눈망울과 손길을 뿌리칠 수는 없었다.

복사꽃 능금꽃이 피는 내 고향
만나면 즐거웁던 외나무 다리

그리운 내 사랑아, 지금은 어데
새파란 가슴 속에 간직한 꿈을
못 잊을 세월 속에 날려 보내리

어여쁜 눈썹 달이 뜨는 내 고향
둘이서 속삭이던 외나무 다리

헤어진 그 날 밤아, 추억은 어데
싸늘한 별빛 속에 숨은 그 님을
괴로운 세월 속에 어이 잊으리

나는 어르신들의 외로운 마음을 조금이나마 달래드리려 최무룡 씨가 불렀던 '외나무 다리' 한 곡을 불러 드렸다. 어르신들은 우리 정치인들에게 물질이나 금전을 바라지 않으신다. 함께 노래하며 어우러져 정을 나누고 싶어 하신다. 그리고 간절히 소망하신다. 우리 자식 세대가 잘되고 우리 다음 세대가 잘되고 잘 살기를 바라신다. 평생 자손들을 위해 사시고도 남은 바람 또한 자손들의 미래가 밝기를 소망하신다. 나 또한 한 곡조 노래에 감사와 함께 어르신들의 소망과 기대에 보답할 수 있기를 바라는

아산시 둔포 3리 부녀회 분들께서 마련하신 경로잔치를 찾았다. 어르신들은 평생을 자손들을 위해 살아오시고도 우리 자손들이 잘되고 잘 살기를 바라신다.

다짐으로 막걸리 한 잔 따라 올린다.

지난 5월 13일에는 신창읍 경희아파트 주민화합철쭉축제 잔치마당을 찾았다. 올해로 5회째를 맞는 이 축제는 아파트라는 주거문화 속에서 갈수록 해체되어가는 공동체 문화를 새로이 가꾸어가는 소중한 희망의 축제이다. 아파트 진입로 우측 담벼락은 순천향대에서 협조해서 그려준 아담하면서도 산뜻한 벽화가 아름답고 그 벽화 옹벽 위로 희고 붉은 철쭉이 가득하다.

이 아파트 주민은 바로 앞편에 순천향대를 바라보고 있고

철쭉으로 아름다운 신창면 경희아파트 진입로의 봄풍경. 해마다 5월이면 이곳 부녀회와 주민들을 중심으로 이웃 순천향대, 외국인, 다문화가정, 학생 등 다양한 입주민들과 함께 나누는 작지만 소중한 축제가 열린다.

순천향대 학생들을 비롯, 다문화가정, 외국인들, 또 마을 주민들이 모여 사는 다양한 계층의 구성원으로 형성되어 있다. 국밥과 떡, 과일과 음료 등 소박한 차림의 잔치지만 이 아파트의 상징인 철쭉이 피는 봄에 열리는 축제는 그 어느 성대한 축제보다 귀하고 정겹다.

나는 우리 아산의 작지만 소중한 만남과 축제들이 더 넓어져서 새로 유입되는 아산의 모든 시민들이 함께 하는 행복한 고장으로 나아가길 소망한다. 그리고 페이스북을 비롯한 뉴미디어에서 이러한 아름다운 모습들을 따뜻이 나누고 싶다.

제5회 경희아파트 주민화합철쭉축제에서 풍물공연을 해주신 이웃 분들과 함께 한 모습. 해체되어가는 공동체문화를 보존하고 마을축제마다 흥을 돋궈 주시는 노고에 늘 감사한 마음이다.

우연한 만남
'걸스데이' 지해 후배님과 어머님

페이스북을 하다보면 우연찮은 인연, 또는 새로운 만남에 놀랄 때가 있다. '걸스데이' 우지해 후배님과 어머님과의 인연도 그중 하나다. 사실 문화적으로 이른바 '70~80세대'에 속하는 나로서는 요즘 신세대 대중문화에는 둔감하다. 지난 봄 나는 오랜만에 국회 일정을 일찍 끝내고 마침 온양 5일장을 찾았고 정겨운 풍물이 담긴 몇 사진을 페이스북에 올렸다. 이 온양 5일장 이미지를 보았다며 쪽지 한 통이 메일로 왔다.

그 분은 온양 출신으로 내 페이스북에서 고향 소식을 접하고 반가움에 쪽지를 보낸다고 하셨는데 자신을 '걸스데이' 지해 양의 어머니로 소개하고 있었다. 지해 양은 초등학교 시절 온양에서 학교를 다녔고 또한 성균관대 무용학과 2학년 휴학중이어서 내겐 대학 후배님이기도 했다. 쪽지를 보내신 분 페이스북을 찾아가보니 담벼락 사진에는 지해 양의 사진이 올라 있었다. 쪽지와 페이스북 담벼락에는 지해 양이 잘되기를 바라며

온양 5일장의 풍물을 찍어 페이스북에 올린 적이 있다. 이 이미지를 보고 고향이 그리워 쪽지를 보낸 분이 있었다. 온양 출신의 그 분은 '걸스데이' 우지해 양의 어머님이었다. 페이스북에서는 이렇게 새롭고 우연찮은 만남으로 반가운 소통의 기회를 열어가게 된다.

홍보역할을 하고 있는 어머님의 마음이 따뜻이 담겨 있었다.

나는 시간을 내서 지해 양 어머님을 뵐 수 있었고 지해 양이 활동하는 '걸스데이'의 팬이 되었다. 지금은 연예 초년병이라 눈코 뜰 새 없이 바쁘고 또 쉽지 않은 연습과 출연의 반복되는 힘든 생활을 견뎌 내고 있다고 했다. 선후배지간이나 고향출신이라 해서 특별히 도와줄 일은 없을 것이다. 하지만 이러한 인연으로

페이스북의 인연으로 어머님과 알게되어 인연을 맺은 '걸스데이' 우지해 양의 모습. 지해 양은 온양에서 초등학교를 다닌 적이 있고 성균관대학교 무용학과를 휴학 중인 대학 후배이자 문화관광부 전국청소년 창작댄스대회 은상을 받은 연예계의 유능한 재원이다.

해서 나또한 서먹서먹하던 신세대 음악을 접하고 좋아하는 계기가 생기고 마음으로 돕고 후원하는 한 사람의 팬이자 고향 선배로서 작은 일이라도 도울 일이 있었으면 좋겠다는 바람을 갖게 된다. 페이스북의 인연으로 이어진 '걸스데이'와 우리 우지해 후배님의 건강하고 밝은 앞날을 간절히 기원한다.

대한국인의 韓流[한류]
그 참된 정신을 생각합니다

송일국 씨께

지난 여름 청산리 대장정의 아름다운 추억이 떠오릅니다. 올 여름 국회의장님의 발틱 3국 공식 순방만 아니었어도 다시 한 번 대장정에 함께 하고 싶었습니다. 모친이신 김을동 의원님은 정치 선배님으로서뿐만 아니라 독립열사의 후손으로서 하시는 일을 늘 존경의 마음으로 돕고자 노력하고 있습니다. 또한 저보다는 젊은 나이임에도 드높은 정신과 기개로 순국선열들을 따르는 우리 송일국 씨께도 늘 감사와 존경의 깊은 마음 전하고 싶습니다.

저는 지난 해 청산리대장정에서 송일국 씨를 좀더 가까이 알게 되었고 많은 것을 생각하게 되었습니다. 그중 하나가 송일국 씨야말로 진정 대한국인다운 한류(韓流)의 모범을 보이고 있지 않나 하는 생각입니다.

제가 처음 영상에서 만난 주몽 역의 송일국 씨에서 최근 '바람의 나라'의 무휼 역에 이르기까지 한반도를 넘어서 간도 대륙을 말달리던 웅대한 고구려인의 모습은 대한국인의 기개와 정신을 담고 있다는 생각입니다.

지난 2010년 청산리대장정에 함께 하며 젊고 건강한 모습으로 내게 감동을 안겨주었던 송일국 씨. 송일국 씨는 대한국인의 정신이 담긴 한류(韓流)를 실천하는 모범적인 연예인이라는 생각이다.

또 지난 해 안중근 의사 100주기에 초연되어 올 5월까지 우리 가슴에 깊은 울림을 던져 주었던 연극 '나는 너다'에서 송일국 씨가 연기한 안중근 의사와 안중생 역의 1인 2역은 오늘을 사는 우리에게 "당신은 과연 대한국인으로서 어떤 모습인가?" 라는 질문을 던져 주기에 충분했습니다.

저는 안중근 의사가 대한의군 참모중장이자 특파독립대장의 직함으로 이토오 히로부미를 사살하고 단지혈서(斷指血書)로 남긴 '대한국인(大韓國人)' 이라는 말을 우리 대한민국 국민의 기개를 담은 말로 가슴 깊이 새기고 있습니다. 나아가 오늘 세계를 향하고 있는 우리 한류(韓流)의 중심에는 분명한 우리 민족, 우리 국민의 정신이 담겨 있어야 한다는 소망을 갖고 있습니다. 왜냐하면 안중근 의사를 비롯한 우리 독립열사들은 비록 일제의 무력에 맞서 무장투쟁을 해야 했지만 그 가슴에는 동양평화론과도 같은 인류 공존과 화합의 여망이 담겨 있었기 때문입니다.

우리 민족의 오천년 역사에 담겨 있는 대한국인의 기개와 기상, 그 정신이야말로 진정한 한류(韓流)의 정신이 아닌가 깊이 새겨 봅니다.

저는 기억합니다. 우리 청년 학생들과 함께 했던 청산리대장정에서 평화통일을 염원하던, 그리고 중국의 아전인수격의 동북공정을 안타까워하던 송일국 씨의 깊은 울림의 목소리를 기억합니다. 또한 묵묵히 50여 대원들의 앞장에서 우리 청년 후배들을 격려하며 깃발을 들고 전진하던 송일국 씨의 굳세고 믿음직하던 모습을 아름답게 새깁니다.

이제 그 목소리, 그 모습이 단순한 연기와 배역에서 한 걸음 나아가 우리 대한국인의 문화로, 또 세계를 향한 진정한 한류(韓流)의 문화로 꽃피워 나아갈 것을 믿고 또 소망합니다.

올 여름 건강하고 행복하시길 기원하면서 앞으로 더욱 새로운 모습과 열정으로 우리 가슴을 울려주실지 기대해봅니다.

실시간으로 만나는
세계 속의 한국인

내가 페이스북에 처음 올린 글은 "오늘 벼르고 벼르던 페이스북을 시작했습니다"였다. 이 담벼락 글에 '좋아요'와 함께 댓글을 올린 반가운 얼굴. 주독일 대한민국대사관 공사 겸 총영사인 정재근 후배님이었다. 우리나라에서 공직에 있을 때 정재근 후배님의 열정적인 모습이 떠올랐다. 간간히 페이스북에서 만나는 정 후배님의 소식은 변함없이 열정적으로 일하는 모습이었다. 처음 접한 소식은 독일에 간호사로 갔던 이순(耳順)의 어르신들이 공연하시는 모습이어서 가슴이 뭉클했고, 최근에는 베를린에 있는 한국 정원을 소개하며 정성스레 보수하는 모습을 전해주기도 했다.

다음은 정재근 님의 담벼락에 올라 있는 글이다. 머나먼 베를린 땅에서 열정적으로 조국을 생각하며 일하는 모습이 그대로 전해 온다.

"오늘은 베를린에 있는 서울정원엘 갔다. 한국의 서울정원, 일본정원, 중국정원 등 9개의 테마정원으로 이루어진 공원이다.

독일 베를린 총영사로
열정어린 활동을 보여주시는
정재근 후배님의 반가운
페이스북 담벼락 사진 모습.
페이스북에서는 이렇듯
세계 곳곳에서 땀흘리는
자랑스런 한국인의 모습을
실시간으로 만나며
소통할 수 있어 더욱 소중하다.

2005년에 서울시가 조성하여 기증했다. 베를린 시민들이 많이 찾는 공원이라 관리상태도 확인하고 지원할 것이 있는지 알아보려고 방문했다. 시에서 관리를 위탁한 회사의 책임자와 둘러보았다. 한옥의 문종이가 찢어졌는데 구할 수가 없다고 해서 한국에서 가져다 풀을 쒀서 같이 붙이기로 했다. 솟대 몇 개를 누가 가져갔다고 해서 한국에 있는 솟대 작품하는 친구에게 연락해서 만들어서 외교부로 보내라고 했다. 한옥 안 방바닥 청소도 부탁했지만, 문종이 붙이는 날 직원들과 청소도 할 것이다."

– 6월 8일 독일 베를린 총영사 정재근 님 페이스북에서

지난 6월 8일
독일 베를린 총영사인
정재근 님이 올린
독일 베를린에 있는
서울정원 이미지.

정재근 후배님뿐만 아니다. 페이스북에서는 세계 각지에서 일하시는 크고 작은 인연의 선후배님들을 자주 만날 수 있고, 그곳의 소식들을 반갑게 만날 수 있다. 새로운 인연도 많이 만난다. 중고등학교 선후배의 인연으로, 또는 고향 아산이나 충남의 인연으로, 때론 한국인이라는 인연만으로도 내 페이스북의 노트나 담벼락 글들을 찾아 주고 공감과 성원을 보내 주시는 친구 분들이 적지 않다.

특히 머나먼 이국에서 공부하는 우리 청소년들의 모습을 대할 때면 어깨가 무거워지곤 한다. 세계를 누비며 대한민국을 빛내는 우리 대한국인의 자랑스런 미래를 향한 의지와 사명감을 되새긴다.

아산 산업현장
근로자분들과 만들어가는 정책

우리 아산에는 삼성전자 탕정공장, 현대자동차 인주공장 등과 같이 굵직굵직한 산업현장이 많다. 이곳에서 일하는 분들은 비단 아산만이 아니라 국가 경제와 산업분야에서 소중한 역할을 하시는 분들이고 늘 감사한 마음이다. 하지만 지역구의 시민들을 대표하는 대변자로서 이 분들께 부족하고 송구스런 점들이 있다. 가장 안타까운 점이 교육 문제이다.

우리나라 교육은 대도시 중심으로 인프라가 갖춰져 있어 아직 도농복합지역인 아산으로서는 이 분들의 자녀가 마음껏 지적 나래를 펼칠 수 있는 교육인프라가 크게 부족하다. 페이스북은 이러한 분들의 안타까움과 소망을 만나고 의견을 나누며 정책과 대안을 고민하는 장이 된다.

더구나 이명박 정부의 LH공사 구조조정 등으로 인한 탕정권 아산신도시 백지화는 이 지역의 개발을 통한 교육과 문화 인프라 확충을 기대했던 탕정권 주민들에게 큰 실망을 안겨 주었다.

지난 5월 3일 삼성전자 탕정공장에서 열린 사랑의걷기행사와 한마음축제 현장. 나는 이곳에서 몇몇 페이스북 친구분들을 비롯, 많은 분들과 공감과 유대를 함께 나눌 수 있었다.

특히 인구면에서나 교육수요의 측면에서 탕정과 배방 지역 인문계 고등학교 유치는 주민들의 간절한 바람이기도 하고 숙원사업이기도 하다. 하지만 교육청에서는 예산과 부지 등 여러 가지 차원에서 난색을 표시하고 있다. 비록 소속 위원회가 행정안전위이기는 하지만 교과부나 교육청과 협의하면서 백방으로 노력을 기울이고 있다.

이곳 탕정과 배방, 그리고 인주 등의 주민들에게 사교육 인프라 부족은 정책과 지원만으로는 어려운 사안이다. 사교육은 시장논리를

삼성전자 탕정공장 한마음축제는 단지 삼성가족뿐만 아니라 지역과 다문화 가정, 인근 주민들이 함께 나누는 축제의 장으로 발돋움하고 있다. 이제 이 분들께 교육과 문화, 생활편의의 인프라를 만들어드려야 하는 과제를 절감하며 노력하고 있다.

거스를 수 없는 부문이기 때문이다. 그래서 우선 교육 관련 단체나 기관을 연계하여 교육정책세미나를 비롯, 교육 특강 같은 프로그램을 지원할 수 있도록 노력하고 있다.

또 한 가지 이곳 젊은 근로자분들과 소통하면서 절감하게 되는 안타까움은 문화와 생활편의시설 인프라의 절대부족이다. 아산에서는 수준 높은 문화공연이나 프로그램을 향유하기가 쉽지 않다. 영화 한 편을 보려하거나 쇼핑이나 생활편의를 위해서도 인근 천안까지 나가야 한다. 열심히 땀흘려 일하는 분들께 일한 만큼 휴식과 여가를 누릴 수 있는 문화와 생활편의 인프라가 필요하다. 나는 페이스북을 비롯한 SNS 등 소통의 장에서 이들 근로자 분들을 만나고 들으면서 정책욕구를 수렴하는 한편, 지역경제 계에 이러한 개발의 필요성과 개발 참여를 홍보하고 유도하는 공론의 장이 되기를 바라는 마음으로 임한다. 나아가 이런 일들은 아산시와 머리를 맞대고 중앙정부나 대기업의 지원을 구해서라도 반드시 해야 할 일들이라 다짐하곤 한다.

비단 부족한 교육과 문화, 또는 생활편의 인프라 뿐만 아니다. 산업현장에서는 노사협의나 경제논리로 해결이 안돼 거리로 나서야 하는 곤란을 겪는 경우도 적지 않다. 이런 분들의 애로를 지원하고 기업이나 공권의 협조를 구하거나 억울한 민원을 해소하는 일도 지역 정치권에서 노력해야 할 일들이다.

내가 보수정당 소속이라 그래서인지, 또는 공직자 출신의 보수적 이리라는 선입견 때문인지 처음에는 진보적인 성향의 페이지나 친구님들께 친구 신청을 거절당하거나 따돌림 당하는 일도 겪었다. 하지만 지역주민의 편에서, 또 약자의 편에서 여야가 있을 수 없고 이념이 있을 수 없다는 소신이다. 5개월여 동안 페이스북을 통해 나는 이러한 내 진심을 전달하고 또 그 분들의 진정한 마음을 이해하고 인정하는 대화의 폭과 깊이를 더할 수 있었다.

SNS로 넓혀가는

따뜻한 공동체의 희망

이 세상에서 가장 소중한 것은 가족이다. 정치인으로 살아가자면 가족들에게 미안할 때가 많다. 늘 내 곁을 지켜주는 아내(노영란, 교사)와 부족한 아비를 이해하며 잘 자라준 딸 지은, 아들 지형에게 항상 감사하다.

나는 늘 바쁘고 가정에 충실하지 못한 남편, 또 아비를 늘 따뜻이 배려해주고 따라주는 아내와 두 아이에게 늘 미안하고 감사한 마음이다. 이 세상에 가족보다 소중한 가치는 없다. 우리 가족들에게 미안한 마음 한편으론 페이스북을 통해 새로운 가족, 새로운 공동체를 만나고 넓혀나갈 수 있어 기쁘기도 하다.

고등학교 후배님으로만 알고 있던 언론인 한 분이 있다. 문화일보

언론인 출신으로 처가의 형님 연배이신 노영대 선배님의 네트워크 회의 발표모습. 바쁘다는 핑계로 자주 접하지 못했던 선배님의 활동 모습과 환경생태 분야에 열정어린 참모습을 페이스북에서 접할 수 있었다.

사진부장 김연수 후배님이다. 구정이 지난 직후 페이스북에 후배님이 처가가 아산이라 아산에 다녀오면서 제 생각을 했다는 글이 올라와 있었다. 아득하게 멀다가도 문득 가까운 것이 사람의 인연이라 했던가. 김 후배님은 존경하는 사진계의 선배님께 평소 얘기를 많이 들었고 그래서 존경한다는 과찬의 메일도 보내주셨다. 알고 보니 언론인 출신으로 처가 집안 형님 연배이신 노영대 선배님께서 평소 나에 대한 덕담을 많이 해주신 모양이었다.

그러한 인연으로 나는 지난 6월 2일 김연수 후배님이 펴낸 〈바람의 눈〉이란 제목의 책 출판기념회장이자 사진전시회장에 서있었다. 그리고 그 자리에서 평소 우리나라 환경생태 사진분야의 일가를 이루고 있다는 사실 정도만 알고 있던 김연수 후배님이

문화일보 김연수 사진부장이 지난 6월초 펴낸 맹금류 사진집이자 소설 형식의 글까지 담은 책 〈바람의 눈〉 표지. 나는 페이스북을 통해 김연수 후배님의 진지하고도 뜨거운 열정을 알게 되었고 새삼 존경과 감사의 마음을 두터이 하게 되었다. 내가 존경하는 처가 형님 연배의 노영대 선배님과의 깊은 환경사랑의 공감과 친교, 그리고 김 후배님의 처가가 아산이라는 점도 새로 알게 되었다. 페이스북은 이렇게 공동체적인 유대를 넓히고 깊게 해주는 매력을 가지고 있다.

맹금류 사진 분야에선 최고의 경지를 보여주고 있는 후배님이라는 사실을 새로 알게 되었고 생생한 사진과 책을 통해서 맹금류 생태의 세계를 새로이 체험하는 앎의 기회를 만날 수 있었다. 나아가 평소 겉모습만으로 대하던 분들의 깊은 모습, 또 그분들이 열정적으로 우리의 생태와 환경을 위해 묵묵히 헌신하시는 모습을 보면서 새로운 감동과 감사의 마음을 갖게 된다.

페이스북은 활용하기에 따라 이렇듯 가족과도 같은 공동체와 유대, 그리고 서로에 대한 참다운 모습을 나누며 깊어질 수 있는 아름다운 만남의 장이라는 깨달음에 이른다. 나는 이러한 가족과도 같은 감동과 깨달음의 유대가 공동체로 넓어져 갈 수 있다는 믿음이다.

아산시민 여러분들과의 관계 또한 그러하다. 나를 믿고 국회의원으로 활동하게 해주신 고향 아산 분들과의 유대와 공감도 깊어질 수 있다는 희망을 갖게 된다. 지난 봄 나는 아침마다 우리 아산의 어린이들을 위해 묵묵히 봉사하시는 녹색어머니회 여러분들을 만날 기회가 있었다. 나는 녹색어머니회 여러분들의 천사같은 봉사의 마음에 감사의 말씀을 드렸고 페이스북 노트에 그 뜻을 노트로 써서 올렸다. 적지 않은 분들이 공감과 댓글을 달아주셨고 나는 좀더 깊은 감사의 뜻을 전할 수 있었다.

상록 천사님들
녹색어머니회 2011년 5월 19일

아침마다 만나는 천사님들이 있습니다. 바로 매일 아침 우리 아이들의 등교길 안전을 지켜주시는 녹색어머니회 분들이십니다. 지난 달 아산녹색어머니회 모임에 함께 하면서 인사말씀으로나마 감사 말씀 올렸습니다만 일년 365일 늘 감사한 분들이십니다.

저는 녹색을 참 좋아합니다. 전통적으로 우리 선비들께선 상록(常綠)이라 하여 변함없는 지조와 절개의 상징으로 여기고 늘푸른 대나무와 소나무를 귀감으로 삼았습니다. 저는 우리 녹색어머니회 분들의 눈이 오나 비가 오나 변함없는 사랑과 봉사정신을 이렇듯 늘푸른 정신에 비견하고 싶습니다.

서구문화에서도 '에버그린(Evergreen)'이라 하여 상록수의 사철 짙푸른 녹색을 변함없는 영원한 사랑으로 좋아하며 기리기도 합니다. 저희 세대는 수잔 잭스라는 팝가수의 '에버그린(Evergreen)' 곡을 애청하면서 영원히 변함없는 사랑을

아산시 녹색어머니회 회원 분들은 우리 어린이들의 안전뿐만 아니라 봉사활동까지 앞장서는 아름다운 모습을 실천하시는 천사 분들이다. 늘 감사한 마음이다.

추억하기도 합니다. 오늘날 우리에게 환경과 생태계를 보존하자는 미래지향적인 움직임의 상징이기도 하고 우리 다음 세대에 대한 책임을 되새기는 다짐의 색이기도 합니다.

저는 우리 녹색어머니회 여러분들의 묵묵하면서도 아름다운 봉사와 사랑의 실천이 바로 이러한 '상록(常綠)'과 '에버그린(Evergreen)' 정신의 참된 실천이라는 생각입니다. 그리고 이러한 실천이 바로 우리 곁에 있는 천사의 모습이 아닐까 여깁니다.

서양에서 '천사(Guardian angel)'는 말그대로 수호천사라는 의미로 부모가 없거나 외로운 아이들을 보살피는 사회적 배려의 상징으로 여기고, 가까운 이들에게 지극한 감사의 뜻을 표현할 때의 애칭으로 쓰기도 합니다. 우리 전통문화에서의 천사인 '선녀(仙女)' 는 고통과 가난 속에서 구원해주는 신의 전령 이기도 합니다. 이어령 선생의 <흙 속에 저 바람 속에>에서 읽은 "서양의 천사는 날개를 달고 있지만, 동양의 선녀들은 펄럭이며 나부끼는 옷자락의 리듬으로 그것을 대신하고 있다." 는 구절도 문득 떠오릅니다.

그렇듯 우리 아이들 곁에서 곱고 아름다운 사랑의 옷자락으로 안전하게 감싸주시는 '녹색 천사' 분들이 바로 우리 녹색어머니회 여러분이라는 믿음입니다.

과학적으로도 녹색은 인간의 원추세포 종류 중 긴 파장의 빛을 감지하는 원추세포와 중간 파장의 빛을 감지하는 원추세포에 의해 인식되기 때문에 사람의 눈이 초록에 가장 민감하게 반응하여 멀리서도 인식한다고 합니다. 이 때문에 교통 표지판이나 신호등에 이용되고, 시력을 향상시키는 역할도 한다고 합니다. 때문에 도시에 사는 사람보다 나무나 숲이 많은 시골에 사는 사람의 시력이 더 좋고 넓은 초원이 많은 인디언이나 몽골인과 같은 유목 민족의 시력이 아주 좋다고 전하기도 합니다.

저는 이렇게 아름다운 녹색에 깃든 의미와 천사와도 같은 사명을 우리 녹색어머니회 여러분들께서 실천하고 있다는 믿음입니다. 그래서 미력하나마 현재까지 순수한 봉사로 이루어오신 우리 녹색어머니회 활동에 조금이나마 도움이 될까 하여 지원방안을 마련하려고 노력하고 있기도 합니다.

아울러 우리 아이들이 녹색의 미래를 향해 더 멀리 더 높이 보며 무럭무럭 자라갈 수 있기를 소망합니다. 늘푸른 상록 천사님들, 우리 녹색어머니회 여러분들께 진심어린 감사의 말씀 올리며 독일의 문호 괴테의 〈파우스트〉 마지막 문장인 "영원히 여성적인 것이 우리를 구원한다."는 경구를 감사의 뜻으로 헌사합니다.

녹색어머니회 여러분 정말 감사합니다.

국민과 직접 소통하는
공감 대한민국을 향해

정치인으로서 활동하다 보면 본의 아닌 오해나 진심이 와전되어 답답할 때가 있다. 실례로 최근 '립싱크 금지법'이라 불리우며 찬반 논란에 휩싸인 적이 있다. 나는 방송과 언론의 주목을 받았고 젊은 세대들의 찬반 양론 속에서 입법 개정의 진의를 알리고자 노력했다. 우선 페이스북 노트에 글을 올렸고 젊은 세대들이 선호하는 카페에 글을 올리기도 했다. 이 과정에서 젊은 세대들이 폭넓게 의견을 개진하는 몇몇 카페들은 나이제한을 두는 등 폐쇄적인 운영을 하고 있어 오늘날 우리 사회의 세대단절의 실상을 경험할 수도 있었다.

나는 충분한 소통과 공감을 바탕으로 입법개정을 했더라면 이러한 불필요한 소모적인 논란은 없지 않았을까 돌아본다. 그리고 입법활동이 사전에 SNS와 같은 뉴미디어를 통해 사전에 충분한 공감과 여론수렴을 거친다면 불필요하고 소모적인 논란도 크게 줄일 수 있지 않을까 생각하게 된다.

한 걸음 나아가 오늘 우리 대한민국이 나아가야 할 국민통합의 미래 또한 SNS와 같이 실시간으로 소통하고 여론을 집약시킬 수 있는 미디어 광장의 힘을 빌어온다면 좀더 가까워질 수 있지 않나 소망해본다.

'립싱크 금지법' 입법이 아닙니다 공연 향유자의 권리를 위한 공연법 개정입니다

2011년 5월 18일

최근 제가 발의한 '공연법 일부 개정안'에 대한 분명하고 진실된 취지를 말씀드리고 싶습니다.

첫째 제가 발의한 '공연법 일부 개정안'은 '금지'나 '규제'에 초점을 둔 이른바 '립싱크 금지법'이 아니라 음악공연을 즐기고 향유하는 모든 향유자들의 권리를 위한 것입니다. 음악 공연을 보고 듣는 모든 분들께는 그 음악이 실제 목소리, 즉 '라이브'인지 반주와 노래가 모두 녹음된 'AR(All Recorded)'을 듣고 있는 것인지 분명히 알아야 할 권리가 있습니다.

둘째 '립싱크', 즉 '립싱크로나이제이션(Lip synchronization)'이나 '핸드싱크(Hand sync)'로 공연을 할 때에는 이를 청중들

지난 5월 여론의 논란을 일으켰던 '립싱크금지법' 논란을 보도하는 MBC 뉴스 장면.

에게 분명히 알려주면 되는 것이지, 이를 금지하거나 규제하자는 법이 아닙니다.

셋째 법의 적용 대상도 모든 공연이 아니라 상업적이고 영리적인 공연에 한하여 일정한 가치를 지불한 관객과 청중들의 알 권리와 향유권리에 초점을 맞추었고, 처벌 조항도 강제적이 아니라 '처벌할 수 있다'고 하여 관객이나 청중을 기만하는 악의적인 경우에만 해당하도록 하였습니다.

저는 기술문명이 진화할수록 예술과 문화가 가져야 할 참다운 인간다움의 가치를 중요하게 여겨야 한다는 생각입니다. 그리고 그 출발은 고객, 즉 음악 공연의 관객과 청중에 대한 진정성이라 믿습니다.

20세기초 '아우라(Aura)', 즉 복제되지 않은 공연이나 문화예술 작품에서 향유할 수 있는 영감과 분위기에 대해 논했던 아도르노의 우려가 오늘 우리 현실에 중요한 의미를 갖는다는 소신입니다.

음악을 비롯한 문화예술 공연은 이를 향유하는 주인인 관객과 청중들에게 진실된 최선의 공연을 선사해야 할 의무가 있고, 관객과 청중은 공연문화예술의 진정성에 대해 분명히 알고 누려야 할 권리가 있습니다.

제가 발의한 '공연법 일부개정안' 법률에 대한 어떠한 비판과 논쟁도 겸허하게 수용하겠습니다. 다만 제 법률발의의 참된 취지가 '립싱크 금지법'으로 매도되는 것처럼 '금지', 또는 '규제'에 초점이 있는 것이 아니라, 공연문화예술을 향유하는 모든 관객과 청중의 권리를 보장하자는 데 있다는 점만은 분명히 알아주셨으면 하는 소망입니다.

참고적으로 문화평론가 진중권 씨가 〈씨네21〉에 기고했던 영화평론 중에서 이러한 고민이 담긴 대목을 함께 하면서 문화예술 공연에 대한 오늘 우리 사회의 고민을 공론화하고 싶습니다.

영화 '피아니스트의 전설 (The Legend of 1900)'의 한 장면. 이 영화는 복제된 음악을 비롯한 예술행위에 대해 생각할 기회를 준다.

영혼의 아우라

배를 떠나지 않고도 세상으로 나가는 길은 있었다. 어느 날 1900은 배 위에서 음반을 취입한다. 연주는 선창 밖으로 보이는 소녀의 인상을 감미로운 음향으로 바꾸어놓는다. “세상 사람들이 당신의 멋진 음악을 들을 수 있도록 수백만장을 복제하겠습니다.” 하지만 정작 연주가 축음기를 타고 기계음이 되어 흘러나오는 순간, 그는 갑자기 마음을 바꾼다. “나 없이는 내

음악이 아무 데도 가지 못하게 할 거야."

음반업자는 1900에게 "굳이 배에서 내릴 필요가 없다"고 말한다. 복제기술이 있기 때문이다. 미디어는 '지금, 여기'의 시공간적 제약을 초월하는 특성이 있다. 가령 말은 늘 말하자는 자의 영혼과 더불어 있으나, 글은 그의 영혼으로부터 떨어져 혼자 돌아다닌다. 이 때문에 소크라테스는 글쓰기를 거부했다. 1900 역시 이 철학자처럼 제 음악이 영혼과 떨어져 돌아다니는 것을 거부한다.

음반업자와 1900의 대화는 복제에 대한 베냐민과 아도르노의 상반된 태도를 연상시킨다. 베냐민은 언제, 어디에라도 원작의 모상을 갖다놓는 복제의 능력을 찬양한다. 반면 아도르노는 '지금, 여기서' 들어야 할 음악을 '언제, 어디서'나 들을 수 있게 하는 복제의 타락을 혐오한다. 1900 역시 원판의 대량 복제를 거부한다. 수백만 장의 복제는 영혼 없이 돌아다니는 좀비일 뿐이다.

– 진중권(문화평론가)의
영화 '피아니스트의 전설(The Legend of 1900)'에 대한 평론
'신의 조건, 천재의 조건' (〈씨네21〉 2007.11.16) 중에서

초선의원, SNS 초보의 소망
'공감 대한민국'

지난 1월 말 페이스북을 개설한 지 5개월여가 지났다. 세상 어느 일이든 첫 마음이 중요하고 그 첫 마음을 지켜가는 노력이 더욱 중요하다는 신념이다. 페이스북을 시작하면서 가끔씩 트위터도 해보고 다른 분들의 SNS도 보고 배우기도 하면서 많은 것을 느낀다.

어떤 새로운 미디어가 나온다 해도 변하지 않는 것이 있다는 믿음이다. 진실에 대한 공감이 바로 그것이다. 나는 페이스북을 시작하면서 나를 소개하는 란에 이렇게 썼다.

"모두를 위한 한 사람이 되고 싶습니다. 아산인을 위한 한 사람, 충청인을 위한 한 사람, 대한민국을 위한 한 사람이고자 노력하고 있습니다."

나의 진심이자 소망이다. 공감은 내 소망과 신념에 값하는 행동이 따라야 한다. 나는 내 참된 다짐과 소망을 실천하고자 최선을 다하며 노력하고 있다. 그리고 내 소망이 향하는 곳은 우리 아산과 충청, 나아가 대한민국이 상생과 통합의 대동세계를 향해 함께 나아가는 내일이다. 그러기 위해서는 반드시 변화시켜야 할 것이 있고, 또 스스로 변해야 할 것이 있다. 우리는 역사를 교훈으로 우리가 사는 이 땅, 이 나라의 모습을 끊임없이 사람다운 세상으로 변화시켜야 한다. 또한 스스로도 가족과 이웃, 나아가 더불어 살아야 할 모든 국민을 위한 모습으로 변화해야 한다.

어떤 새로운 환경 속에서도 변하지 말아야 할 것이 대한민국 대한국인으로서의 모습이라면, 끊임없이 변화해야 할 것은 국민통합을 향해 소통하고 공감하는 모습이다. 이러한 각오와 다짐으로 지난 5개월여 페이스북 노트에 썼던 글 몇 편을 골라 진정한 국민통합의 대한민국을 향한 사표로 삼고자 한다.

175년 전 오늘 정약용 선생이 남긴 '사암(俟菴)'의 참뜻을 되새깁니다

2011년 2월 22일 화요일 오전 7:51

페이스북을 시작하면서 늦은 밤이나 이른 아침 오늘의 역사를 생각하게 됩니다. 그러면서 역사에서 배우지 않는 민족에게 역사의 비극은 반복된다는 교훈을 함께 새깁니다. 1836년 오늘은 다산 정약용 선생이 세상을 떠나셨다고 기록하고 있습니다. 또한 1894년 오늘은 김옥균 선생이 암살당한 날이자, 1898년에는 흥선대원군 이하응이 세상을 떠났다고 기록하고 있습니다. 우연히 한 날 세상을 떠난 역사 속의 세 인물을 생각하며 우리 근대사의 안타까운 순간들을 되새기게 됩니다.

우리는 흔히 정약용 선생을 다산(茶山)이라는 별호로 기억하지만 선생께선 말년에 죽음을 미리 준비하면서 스스로의 별호를 사암(俟菴)이라 했다 합니다. 기다릴 사(俟), 그리고 초막이나 암자를 뜻하는 암(菴), 즉 '기다림의 초막'이라는 별호였습니다. 당대에 경세의 뜻을 펴지 못하고 역사 속의 기다림으로 남긴 〈경세유표〉를 비롯한 정약용 선생의 유지는 위정척사의 득세, 김옥균을 비롯한 개화파의 좌절로 이어지면서 경술국치라는 민족사의 비극을 초래합니다.

그로부터 다시 백여 년이 지난 오늘 다산 선생이 꿈꾸며 기다렸던 곧고 바른 경세와 목민의 세상을 생각합니다. 오늘 우리 정치가 이를 깨우치지 못한다면 우리 국민들에게 질곡과 고통을 준다는 사실을 깊이 새깁니다. 저는 175년 전 다산 정약용 선생이 세상을 떠나시며 남긴 '사암(俟菴)'의 대문을 활짝 열어젖히는 마음으로 진정 한 '경국제세(經國濟世)'의 세기가 활짝 열리기를 바라며 오늘도 국회로 향합니다.

2월 25일 역대 대통령 취임식 날 대한민국과 국민의 염원을 되새깁니다

2011년 2월 25일

2월 25일, 대한민국은 5년에 한 번씩 대통령취임식을 갖습니다. 1987년 6.10 민주화운동과 함께 회복한 대통령 직선제 개헌 이후 대통령 임기에 관한 헌법 부칙 제1조와 제2조에 따라 우리 대한민국은 지난 23년 동안 2월 25일 다섯 대통령께서 취임했습니다.

지난 23년 동안 우리 대한민국 국민의 염원은 개혁과 국민통합이었습니다. 그동안 지방자치를 비롯한 수많은 개혁도, 또 IMF 등과 같은 시련도 있었습니다. 한 가지 아쉬움은 국민통합입니다. 우리 역사 속의 국민통합을 돌아봅니다. 가까운 조선조 역사는 두 번의 태평성대와 국운융성의 시대를 기록하고 있습니다. 세종조와 영정조 시대입니다. 세 임금의 공통점은 통합정치였습니다.

세종은 왕자의 난으로 얼룩진 조선 초기 선왕대의 갈등을 취임사인 즉위 교서에서 '시인발정(施仁發政)'을 통해 포용했고 이를 실천합니다. 백성들에게 어진 정치를 실천하는 한편 내면으로는 선왕대의 갈등을 끌어안아 국운과 태평성대를 이끕니다. 영조는 자신의 태생적 한계와 당쟁의 갈등을 탕평책으로 극복하며 민복과 국운을 일으켜 세웁니다. 정조는 즉위교서에서 '불이본(不貳本)'으로 상징되는 통합

선언으로 선왕 영조와 선친 사도세자로 얼룩진 갈등을 극복하고 노론 세력을 포용하며 통합과 탕평의 정치를 실천합니다.

우리는 이러한 우리 역사에서 소중한 교훈을 배웁니다. 바로 통합과 탕평의 정신입니다. 그리고 1988년 이후 대한민국을 돌아봅니다. 노태우 대통령의 보통사람의 시대, 김영삼 대통령의 신한국 창조와 역사 바로 세우기, 김대중 대통령의 제2건국, 노무현 대통령의 국민참여와 새로운 대한민국, 대부분 새로운 개혁을 추진했으나 국민통합에는 아쉬움을 남겼습니다.

이명박 대통령도 취임 3년을 맞았습니다. 경제를 제일로 추진했던 집권초기의 정책기조를 지난 해 공정사회로 전환하면서 국민이 공감하는 대한민국을 지향하고 있습니다. 하지만 세종시로 파행이 시작된 국론분열과 지역갈등은 충청권 국제과학비즈니스벨트 번복을 비롯한 갈등과 분란으로 이어지고 있습니다.

요즘 '조선명탐정' 이란 영화가 우리 국민들의 인기를 모으고 있다 합니다. 이 영화는 조선 정조시대의 개혁과 실학이 국운융성으로 이어지지 못한 아쉬움을 배경으로 하고 있습니다.

대통령 취임일인 2월 25일, 우리는 어떠한 개혁이든 또 경제 정책이든 국민통합이 뒷받침되지 못한다면 모래 위에 집을 세우는 것이라는 사실을 다시 한 번 되새깁니다. 이명박 정부 또한 남은 2년 동안 국민통합과 공정성에 바탕한 국민의 공감을 얻지 못한다면 준엄한 국민과 역사의 평가와 심판 앞에 서야 한다는 사실을 되새기며 정책에 임해주기를 바랍니다.

2011년 2~3월 임시국회를 마치며 성과를 보고합니다

2011년 3월 13일

2월 시작된 임시국회가 끝났습니다.

제가 대표발의했던 기능직공무원 10급 폐지를 골자로 한 국가공무원법 및 지방공무원법 일부개정법률안이 9일 행안위 법안심사소위를 통과했습니다. 일정상 본회의 상정은 3월로 미뤄졌지만 1년 후로 예상되는 시행일부터는 우리 기능직 공직자분들께 조금이나마 공정한 처우를 해드릴 수 있게 될 것으로 기대합니다.

또한 제가 발의에 참여한 고엽제 후유의증 환자에 대한 의료지원 등의 내용을 골자로 하는 '고엽제후유의증환자지원등에관한 법률' 개정안이 통과된 것은 우리 조국을 위해 몸바치신 분들께 의료지원의 길을 넓혔다는 점에서 보람을 느낍니다.

한나라당 원희룡 의원님과 민주당 이낙연 의원님이 공동으로 상정한 노인복지주택 소유 제한에 관한 특례조항을 담은 노인복지법 개정안, 우리의 대표적 노인단체인 사단법인 대한노인회 활동에 대한

재정, 세제 지원 근거를 담은 대한노인회 지원법 통과는 우리 어르신들에 대한 지원을 확대했다는 의미와 함께 민생 현안에 여야가 없다는 선례를 남긴 점에 감사합니다.

(중략)

많은 아쉬움 속에 2월 임시국회가 끝났습니다.

이제 다시 팔을 걷어부치고 3월 국회를 준비해야 합니다. 좀더 많은 분들이 제가 해야 할 일, 우리 국회에서 해야 할 일들을 조언해 주시고 도와주시길 간구하는 바람입니다.

일본 지진 희생자들을 추모합니다

2011년 3월 15일

연일 계속되는 일본 지진 희생자들을 추모합니다. 아울러 우리 한국을 비롯한 국제사회의 많은 관심과 지원을 성원합니다. 하루빨리 지진피해의 충격에서 벗어나 안정을 되찾기를 함께 기원합니다. 마침 한국정신대문제대책협의회 여러분들께서도 매주 열던 항의집회를 추모집회로 바꾸어 진행한다는 소식을 접했습니다. 제 추모의 마음을 그분들의 거룩하고 아름다운 말씀과 함께 하고 싶습니다.

"한국정신대문제대책협의회는 일본의 동북지역에서 발생한 지진과 쓰나미로 말할 수 없는 피해와 고통을 당한 일본시민들, 그리고 재일동포들에게 깊은 위로와 애도의 뜻을 표합니다. 수많은 인명 피해와 큰 고통을 입은 이번 참사는 국경과 민족을 넘어 세계인의 슬픔이며 한 명이라도 더 구조되기를, 하루라도 빨리 피해가 복구되기를 바라는 마음입니다." - 한국정신대문제대책협의회

오늘은 안중근 의사 순국 101주기이자 천안함 46용사 피격 1주기입니다

2011년 3월 26일

1910년 오늘은 대한의군 참모중장 겸 독립특파대장 안중근 장군의 순국 101주년입니다. 또한 천안함 폭침사건에 희생된 46 용사들, 그들의 유해를 구하기 위해 몸던져 순국한 고 한주호 준위의 1주기입니다. 안중근 의사의 추모문집, 한주호 준위의 삶을 기록한 책 두 권이 나왔다는 소식. 천안함 피격 1주기를 맞아 국립대전현충원을 찾은 추모객들의 모습, 또 일본에서 안중근을 사랑하는 일본인 모임이 중심이 되어 일본 사가현 무량사(無量寺)에 '안중근 동양평화기원비'를 세웠다는 뉴스를 나누고 싶습니다.

오늘, 안중근 의사와 천안함 46용사와 한주호 준위, 그리고 대한 조국을 위해 몸바친 수많은 무명 선열을 추모합니다. 당신들의 숭고한 뜻과 행동, 언제나 가슴 깊이 새기며 이어가겠습니다.

92년 전 오늘, 대한민국 상해 임시의정원 개원의 유지를 되새깁니다

2011년 4월 11일

1919년 4월10일은 상해임시정부 임시의정원을 개원한 날입니다. 이튿날인 4월 11일 대한민국 국호제정과 임시정부 수립을 의결한 뒤 13일 임시정부의 출범을 대외에 공포했습니다.

임시의정원에서는 오늘 우리 대한민국의 민주공화제를 확립하고 대한민국(大韓民國)이라는 국호를 제정하였습니다. 오늘 우리 대한민국은 헌법 전문에 "3 · 1운동으로 건립된 대한민국 임시정부의 법통을 계승한다."라고 명시하고 있습니다.

저는 오늘 이런 대한민국 의정사가 열린 92주년을 맞는 뜻깊은 날, 대한민국 임시헌장을 깊이 새기며 대정부 질의에 임하고자 합니다.

대한민국 임시헌장 _1919년 4월

제1조 대한민국은 민주공화제로 함.

제2조 대한민국은 임시정부가 임시의정원의 결의에 의하여 차(此)를 통치함.

제3조 대한민국의 인민은 남녀귀천 급 빈부의 계급이 무하고 일체 평등함.

제4조 대한민국의 인민은 신교 · 언론 · 저작 · 출판 · 결사 · 집회 · 신서(信書) · 주소이전 · 신체 급 소유의 자유를 향유함.

第5조 대한민국의 인민으로 공민 자격이 유한 자는 선거권 급 피선거권이 유함.

第6조 대한민국의 인민은 교육 · 납세 급 병역의 의무가 유함.

第7조 대한민국은 신의 의사에 의하여 건국한 정신을 세계에 발휘하며 진하여 인류의 문화 급 화평에 공헌하기 위하여 국제연맹에 가입함.

第8조 대한민국은 구황실을 우대함.

第9조 생명형 · 신체형 급 공창제를 전폐함.

第10조 임시정부는 국토 회복 후 만 1개년 내에 국회를 소집함.

호국 보훈의 달 6월
'지금, 이곳, 그리고 우리'를 있게 한 맥박과 숨결

2011년 6월 1일

2011년 6월이 있기까지 수많은 역사 속에 살아 전하는 선열들의 맥박과 숨결, 대한민국에서 한반도가 하나되기를 소망하며 삶과 꿈을 가꾸는 이 겨레의 땅, 대한국인과 세계인이 더불어 만들어 나아가는 우리의 모습, 호국보훈의 달 6월을 맞으며 이 세 가지를 생각합니다.

그리고 이러한 오늘 대한민국의 우리가 디디고 서있는 땅과 우리 가슴에 살아 숨쉬고 맥박치는 선열들의 뜨거운 목소리를 가슴에 새깁니다.

그리운 그의 얼굴 다시 찾을 수 없어도
화사한 그의 꽃
산에 언덕에 피어날지어이.
그리운 그의 노래 다시 들을 수 없어도
맑은 그 숨결
들에 숲 속에 살아갈지어이.
쓸쓸한 마음으로 들길 더듬는 행인(行人)아.
눈길 비었거든 바람 담을지네.
바람 비었거든 인정 담을지네.
그리운 그의 모습 다시 찾을 수 없어도
울고 간 그의 영혼
들에 언덕에 피어날지어이.

– 신동엽 님의 '산에 언덕에' 全文

오늘도 우리의 땅, 우리 가슴에 맥박치며 살아숨쉬는 그 분들을 새기며 '늙은 군인의 노래'를 함께 하고 싶습니다. 또한 오늘 이 순간에도 우리 조국을 위해 땀흘리고 있는 청년 장정들에게 감사하고 싶습니다.

천(千)의 바람이 되어
우리 곁에 전하는 숨결과 맥박
2011년 6월 6일

현충일 아침입니다. 한 아일랜드 청년이 테러에 죽어가면서 남겼다고도 전하는 작자 미상의 〈천(千)의 바람이 되어〉라는 시 한 편 가슴에 새깁니다. 어제는 연평도 주민들과 함께한 음악회에서 임형주 님이 불렀다 전하네요. 조용한 현충일 아침 오늘 우리를 있게 해주신 모든 분들의 뜨거운 숨결과 맥박이 늘 우리 곁에 함께 하고 있음을 믿으면서 조국과 민족을 위해 피와 땀과 열정을 바치신 모든 분들께 감사하며 바치고 싶습니다.

A thousand winds 천(千)의 바람이 되어

– 원작자 미상 / 신현림 번역

Do not stand at my grave and weep.
내 무덤 앞에서 울지 마세요.
I am not there, I do not sleep.
나는 거기에 없습니다, 나는 잠들지 않습니다.

I am a thousand winds that blow.
나는 천의 바람, 천의 숨결로 흩날립니다.

I am the diamond glint on snow.
나는 눈위에 반짝이는 다이아몬드입니다.
I am the sunlight on ripened grain.
나는 무르익은 곡식 비추는 햇빛이며
I am the gentle autumn rain.
나는 부드러운 가을비입니다.

When you awake in the morning's hush,
당신이 아침 소리에 깨어날 때
I am the swift uplifting rush
of quiet birds in circled flight,
나는 하늘을 고요히 맴돌고 있습니다.
I am the soft stars that shine at night.
나는 밤하늘에 비치는 따스한 별입니다.

Do not stand at my grave and cry,
내 무덤 앞에 서서 울지 마세요.
I am not there, I did not die.
나는 거기 없습니다. 나는 죽지 않습니다.

지난 5개월여 동안의 기록을 되돌아 보며 변하지 말아야 할 대한민국의 정신, 그리고 이를 위해 변화해야 할 지금, 이곳에 서있는 우리의 모습과 나의 모습을 되돌아 본다. 변하지 말아야 할 마음, 그것은 대대로 지조와 절의의 사표로 여겨왔던 '한 조각 붉은 마음(일편단심 ; 一片丹心)'이요, 이 마음으로 나아가야 할 길은 희망의 '푸른 대한민국'이다.

아산시 영인면 동심사 초입 샘터의 봄풍경. 오늘의 내 말과 글, 그리고 행동이 끊임없이 세상을 적시며 맑고 시원한 내일로 흐를 수 있기를 소망한다.

'근사절문(近思切問)'은 논어 <자장편(子張篇)>의 '절문이근사(切問而近思)'에서 비롯 한다. 옛 선비들이 "가까이 생각하고 절실하게 물으면 어짊(仁)에 이를 수 있다" 하여 학문과 삶의 기본으로 삼았던 가르침이다. 지난 2009년 연말부터 국민 곁에서 절실히 묻고 함께 생활하면서 배운다는 뜻을 새기며 나의 삶을 돌아보고 미래를 향한 다짐을 디트뉴스에 연재하였다. 글을 쓰면서 이른 깨달음은 바로 이제 시민이 참여하고 함께 만들어가는 '스마트 시티즌' 시대에 걸맞는 새로운 리더십의 절실함이었다. 이러한 공부는 **오늘 내가 소셜미디어 시대에 새로운 소통 방식에 적응하면서, 시민 속에서 시민과 함께 행동하는 'SNS시대의 국민통합론'에 이를 수 있게 해주었다.**

2부 대한민국, 대한국인을 향해

연변 일송정에서 해란강을 배경으로 서서
이곳을 달리며 독립의 투혼을 살랐던
선열들을 추모하였다.

2부

대한국민大韓民國 대한국인大韓國人을 향해

내가 살아가는 절실한 소망

나는 지금 고향 아산 땅을 딛고 서있다. 78년 공직에 첫발을 내디딘 지 30여 년을 훌쩍 넘긴 세월, 그 첫 마음으로 돌아가 본다. 스물 넷의 푸른 가슴으로 과연 내가 꿈꾸었던 것은 무엇인가? 내가 절실히 사랑하고자 했던 것은 무엇이며, 또한 내가 진정 이루고자 했던 것은 무엇인가?

공직 25년, 대학 강단에서 5년, 그리고 늦깎이 정치인으로 2년 남짓 살아오면서, 그리고 두 아이의 아비이자 한 여인의 남편으로서, 무엇보다 대한민국 국민의 한 사람으로서 32년 전 그 첫 마음 변함없이 살아왔는가를 스스로에게 묻는다.

다시 '흙 속에 저 바람 속에' 서다

가만히 눈을 감는다. 문득 떠오르는 것은 〈흙 속에 저 바람 속에〉라는 이어령 전 문화부 장관의 목소리. 이어령 선배님은 나보다 21년 먼저인 1934년 온양 좌부동 설화산 기슭에서 태어나고 온양에서 자랐다. 〈흙 속에 저 바람 속에〉는 당신의 나이 28살이던 1962년 쓰여 45년 동안 애독되었고 오늘날까지도 진정한 한국인을 꿈꾸는 사람라면 누구나 한 번 쯤 꼭 읽어야 할 책으로 손꼽힌다. 나는 학창 시절 〈흙 속에 저 바람 속에〉에서 한국인으로서의 정신뿐만 아니라 고향 아산에 대한 사랑을 가슴 깊이 새길 수 있었다.

〈흙 속에 저 바람 속에〉 중에서 '바람이 불어오는 곳' 에 이런 글귀가 있었다.

"사람은 작은 돛단배를 타고 바다를 항해하고 있다. 바다에 불어오는 바람은 자기배의 돛폭의 크기만큼만 안을 수 있다. 바다의 모든 바람은 결코 다 안을 수 없다."

나는 지금 아산 땅을 딛고 서서 생각한다. 나는 얼마만큼의 바람을 안고 있는가? 어디쯤 와 있고 앞으로 얼마만큼 어디로 갈 것인가? 그리고 지금 누구와 함께 어디로 가고 있는가? 과연 내가 꿈꾸었던 길을 왔고, 또 앞으로 나와 내가 안고 있는 분들의 삶과 더불어 우리가 희망하는 곳으로 가고 있으며, 갈 수 있는가?

새삼 옷깃을 여민다. 발끝을 내려다 본다. 함께 해왔고 앞으로 함께할 어르신, 가족, 이웃과 벗들, 그리고 초롱한 눈망울의 우리 다음세대가 떠오른다. 이제 한 번쯤 돌아볼 시간이다. 그리고 다시 신발끈을 조여맬 때가 아닌가?

내가 고향의 흙 속에서 타고난 것은 아산인으로서, 충청인으로서, 그리고 한국인으로서의 기개와 정신이다. 이제 그 기개와 정신을 품고 저 바람 속으로, 저 대양 속으로 나아가야 한다. 내가 사랑하는 분들과 함께, 나를 아껴주고 이끌어 주신 분들과 더불어 손잡고 21세기의 대양으로 나아가야 할 시간이다.

"절실하게 묻고 가장 가까이 사랑하라"

스물 네 살 푸르른 첫 마음. 그 마음을 선인의 말을 빌어 되새긴다면 '절문이근사(切問而近思)' 라는 가르침이었다. "절실하게 묻고 가장 가까이 다가서서 생각하라" (논어, 자장편)는 말은 공직 첫 발을 내딛는 내가 위해야 할 국민들에 대한 다짐이었다. 아니 국민이라는 말보다는 우리를 길러주신 어르신들, 우리와 함께 살아가는 청장년 선후배님들과 이웃들, 그리고 우리가 좀 더 나은 세상과 나라를 만들어 물려주어야 할 우리 아이들에 대한 서약이었다.

돌아보면 공직에 첫 발을 내딛던 70년대 말은 민주와 성장의 갈림길에 서있던 시절이었고, 진보와 보수의 이념이 거리에서, 대학에서, 그리고 정치현실에서 첨예하게 대립하던 시절이었다.

나는 공인으로서 공직자의 길을 선택하면서 민주화든, 경제성장이든 본질은 국민을 위하는 길이라 생각했다. 국민을 자유롭고 평등하게 하는 길, 그리고 국민들이 풍요롭게 잘살게 하는 길은 동전의 양면과 같은 것이라 생각했다. 그리고 진보냐, 보수냐라는 이념을 선택하기 이전에 그 방법론이 곧 국민들에게 "절실하게 묻고 가장 가까이 다가서서 생각하는 것"이라 다짐했다.

아산군청 수습사무관으로 일하면서 가장 먼저 만난 아산의 어르신은 토정 이지함 선생이었다. 1978년 당시로부터 꼭 400년 전 아산현감으로 봉직했던 토정 이지함 선생은 걸인청(乞人廳)을 만들어 탐관오리의 수탈에 내몰린 걸인을 수용하고 노약자를 우선해서 구호하는 등 선정을 펼치면서 이러한 제도의 국가적 시행을 상소했으나 때마침 선조가 서거하면서 전국적으로 확산되지는 못했다.

행정이란 무엇인가? '정(政)을 행(行)하는 것이 행정(行政)' 이고, 정(政)은 곧 바름(正)이 아니던가? 바름을 행한다는 것은 스스로를 바로 세우면서 국민들이 불편부당함을 겪지 않도록 위하는 것이 아니던가? 나는 이러한 내 다짐이 변하지 않도록 작으나마 기부와 봉사를 실천하려 노력했다. 이러한 봉사는 누군가를 위한 것 이전에 나 스스로를 바로 세우기 위한 다짐이었다.

가장 먼저 아내에게 미안하고 감사한다. 신혼여행 대신 복지관으로 봉사를 떠나주었다. 맞벌이를 하면서 25년 동안 월급봉투에서 얼마 정도를 이웃들에게 돌려드릴 수 있게 해주었고 오히려 격려해주었다. 주말엔 두 아이와 더불어 봉사활동하는 것을 보람으로 여겨주었고, 무엇보다 사랑으로 함께 해주었다.

아내는 기억한다. 어느 대학교 운동장에서였던가! 그녀에게 낭송해주었던 시 한 편을.

내가 그의 이름을 불러 주기 전에는
그는 다만
하나의 몸짓에 지나지 않았다.
내가 그의 이름을 불러 주었을 때
그는 나에게로 와서
꽃이 되었다.

내가 그의 이름을 불러 준 것처럼
나의 이 빛깔과 향기(香氣)에 알맞은
누가 나의 이름을 불러다오.

그에게로 가서 나도
그의 꽃이 되고 싶다.

우리들은 모두
무엇이 되고 싶다.
너는 나에게 나는 너에게
잊혀지지 않는 하나의 눈짓이 되고 싶다.

– 김춘수 시인의 '꽃'

모든 것이 변해도 변치 말아야 할 것이 있다. 첫 마음이다. 아내가 내게 준 사랑과 헌신. 이제 이 모두를 모아 내가 함께 땅을 딛고 서있고 함께 가야 할 분들을 위해 드리고 싶다. 그 분들의 삶 가장 가까운 곳에서 …·.

다시 새 날이 밝는다. 새벽같이 국회에 올라가다 보면 새벽 시장을 여는 어르신들과 이웃들을 만나고, 아침 교대 근무에 나서는 근로자 분들을 만나며, 밤낮없이 일하는 택시 기사분들을 만나 뵙는다. 그러면서 지금 나는 이 분들에게 과연 힘이 되어드리고 있는가를 수없이 되묻곤 한다.

시간을 쪼개서 우리 농촌을 지키며 등이 굽으신 어르신들의 굳은 살 배긴 손을 잡아드리고 삶의 애환을 듣고 미력하나마 힘이 되어드리고자 애를 쓰기도 한다. 온양 5일장이 서는 날엔 찬바람을 맞으면서도 종일 좌판을 벌이는 우리 아산의 아버님, 어머님들의 시린 손을 잡으면서 연로하신 당신보다 자식, 손자 걱정에 시름 깊은 한없는 내리사랑에 코끝이 찡해지기도 한다. 언제나 그 분들 가까이 다가가 손을 잡고 여쭙고 들으면서 그 분들의 슬픔과 기쁨, 고통과 행복이 무엇인지를 가슴에 새기려고 노력하리라 새삼 다짐하곤 한다.

돌이켜 보건대 지난 32년 변함없이 가져온 다짐. 바로 지금 내 곁에 있는 분들을 향한 '절문이근사(切問而近思)'의 마음

가짐과 실천의 길이었다. 그 첫마음 변함없이 아내와 두 아이, 그리고 어르신들, 이웃들, 선후배분들과 함께 가야 한다. 내가 담을 수 있는 만큼의 바람을 담고서 더불어 꿈꾸는 세계를 향해 가야 한다.

학창 시절 내게 한국인으로서,
또 아산인으로서의 정신을 일깨워 준 것은
고향 아산 선배이신
이어령 전 문화부 장관님의
저서 〈흙 속에 저 바람 속에〉였다.

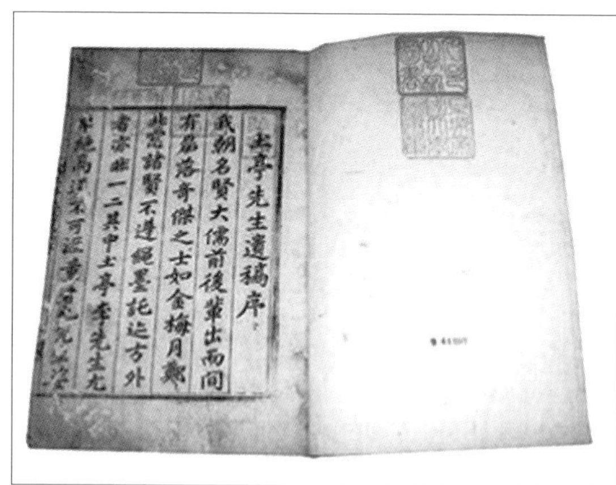
土亭先生遺稿序
我朝名賢大儒前後輩出而間
有磊落奇偉之士如金梅月鄕
北窓諸賢不遇繩墨託迹方外
者亦非一二其中土亭李先生尤

토정 이지함 선생은
아산현감 시절
걸인청(乞人廳)을 설치하여
흉년으로 궁핍한
극빈자를 수용하는 등
기민(飢民)구제 정책에
전력을 다했다.
사진은 선조에게 빈민구제의
제도개혁을 올린 상소문이
담긴 '토정유고(土亭遺稿)'.

아낌없이 주는 '純情(순정)의 정치'

세모다. 음악 한 곡과 영화 한 편이 떠오른다. 스코틀랜드의 민요에 시인 로버트 번즈가 가사를 붙여 연말이면 세계인이 애창하는 '그리운 옛날(Auld Lang Syne)'의 선율, 그리고 비비안 리와 로버트 테일러가 주연했던 추억의 영화 '애수'이다.

제2차 세계대전 중 우연히 만난 젊은 대위와 발레단 무희의 사랑. 대위가 전쟁터로 떠나고 그가 죽은 줄로만 알았던 여인은 몸을 던져 삶을 연명한다. 어느 날 워털루 브릿지 역에서 내리는 살아 돌아온 대위를 본 여인은 가슴 속에 간직했던 순정을 지키며 워털루 다리 아래로 몸을 던진다. 오랜 세월이 흐르고 대위는 반백이 되어 워털루 다리를 다시 찾는다. 오래 전 그녀가 정표로 주었던 액세서리, 워털루 다리 아래 무심한 세월의 강물 위로 '올드랭 사인(Auld Lang Syne)'의 선율이 흐른다. 여인은 순정을 지키기 위해 목숨을 던졌고, 대위는 평생 여인의 순정을 간직하고 독신으로 살았다. 영화 '애수'가 오래도록 세계인의 가슴에 남는 이유는 '순정(純情)'이다.

'애수'와 '올드랭 사인'에 담긴 순정(純情)

'올드랭 사인(Auld Lang Syne)'은 또 어떤가? 우리에겐 안익태 씨가 애국가를 작곡하기 전 애국가 가사를 붙여 부르던 곡이다. '석별의 정'으로 더 잘 알려져 있어 "오랫 동안 사귀이던 정든 내 친구여 …"라는 가사로 졸업식은 물론, 이별의 자리에서 애송되어온 노래였다. 하지만 스코틀랜드의 국민시인 로버트 번즈의 원래 가사의 의미는 평생 세상을 떠돌다가 고향에서 다시 만난 순정어린 벗들의 우정을 노래하고 있다.

그런데 최근 안익태의 애국가 곡이 그의 친일행적과 함께 일본 제국주의를 찬양했던 만주환상곡의 핵심 테마를 빌어왔다는 사실이 확인돼서 국민들을 안타깝게 하고 있다. 안익태가 1938년에 작곡한 일본어로 에텐라쿠라는 작품이 있다. 일본천왕이 등극할 때마다 찬양하는 전통적인 곡인데 이 곡을 주제로 해서 작곡을 한 작품이 에텐라쿠이고, 이 에텐라쿠를 가지고 안익태는 유럽에서 공연활동까지 했다. 직접 지휘를 했고, 일제 치하 당시 국제적으로 일본을 대표하는 음악가로 활동을 했었다고 한다.

더구나 만주국 10주년 기념 축전의 일환으로 작곡했던게 만주환상곡이었고, 이 곡의 테마가 이후 작곡한 한국환상곡에서 가사만 바뀐 채 똑같이 쓰였다는 사실이 최근 노동은 교수를 비롯한 민족음악가들에 의해 밝혀져서 안익태는 친일인명사전에 올랐다.

수십 년 동안 애국가에 바쳐온 한국인의 순정(純情)에 대한 배신이다. 나는 32년 삶을 돌아보며 반성해본다. 나는 과연 내가 공직 첫 발걸음을 내디디면서 다짐했던 국민들을 향한 순정(純情)을 지켜왔는가? 그 순정(純情)을 배신하는 것은 개인적인 욕망과 부귀영화다. 공직에 있다고 개인적인 욕망이 없는 것은 아니다. 솔직히 말하자면 공직생활을 할수록, 승진과 보직의 갈림길에서 개인적인 욕망과 공인으로서의 직무 사이에서 갈등할 때가 적지 않다.

세간의 명성과 출세를 위해서는 엘리트 공직자 대부분이 거치는 해외연수나 유학의 유혹도 있고, 세칭 요직이나 승진을 향한 욕망이 없었던 것도 아니다. 하지만 이러한 갈등 속에서 항상 나를 바로 세워준 가르침이 바로 '선우후락(先憂後樂)'의 경구이다.

고전적인 명화로 꼽히는 '애수'가 오래도록 사랑받은 이유는 바로 '순정(純情)'이다.

"먼저 걱정하고 가장 나중에 즐거움을 누리라"

중국 북송 때 내정개혁과 선정에 힘쓰다가 지방으로 밀려나 있던 명재상 범중엄은 동정호 명승지인 악양루(岳陽樓) 개청에 초대받아 '악양루기'를 지었다. 중국에서도 이름난 명승고적 악양루에는 사시사철 많은 사람들이 찾는다. 범중엄은 이렇듯 절경의 악양루를 찾는 사람들이 날이 궂고 비바람이 치면 어두운 표정이고, 반대로 날이 맑고 달빛이 그윽하거나 꽃향기 가득한 날엔 주흥에 즐거워하는 모습을 보면서 깨닫게 된다. 그리고 선인들의 가르침을 되새긴다.

올바른 가르침으로 후세에 귀감이 되는 선인들은 주변 환경이 좋다고 해서 경망스럽게 기뻐하지도 않았고, 반대로 역경이 닥쳤다고 해서 슬퍼하거나 좌절하지 않았다. 역사는 위인들의 삶을 조정에 나아가도 걱정이고, 벼슬에서 물러나 강호에 묻혀있어도 걱정이었다고 기록하고 있다. 그렇다면 참된 선비, 진정한 공인은 언제 기쁨을 누려야 하는가?

범중엄은 '악양루기'를 쓰면서 묻고 또 깨달음을 얻는다. "선천하지우이우(先天下之憂而憂), 후천하지락이락여(後天下之樂而樂歟)". 즉 천하의 백성들이 걱정하기에 앞서 걱정하고, 천하의 백성들이 모두 즐거움을 누린 후에 즐거워한다는 깨달음이다.

2002년 월드컵을 앞두고 있던 우리나라는 교통사고율이 높고 안전지수가 낮은 나라라는 오명 앞에서 곤혹스러운 상황이었다. 오죽하면 일본에서는 '월드컵은 한국에서, 관광은 안전한 일본에서'라는 구호를 내걸고 월드컵 홍보를 하고 있었다. 총리실에서 근무하던 나는 틈틈이 국가안전관리개선기획안을 준비했고, 총리실 산하에 기구가 만들어졌지만 아무도 가려 하지 않았다. 월드컵 뒤치닥거리를 하는 일이라는 의식과 한시적인 보직에 선뜻 갔다가는 실국장급 직위로 돌아오기 어렵다는 공직사회의 통념 때문이었다. 나는 주저 없이 걱정거리를 도맡는 한시적인 직책을 자원했다.

총리실에서 1급 관리관으로 승진해서 실장급으로 잠시 근무하다가 충남도의 부름을 받고 주저없이 내려온 것도 바로 '선우후락(先憂後樂)'의 다짐을 행동으로 옮긴 것이었다. 나에겐 총리실 요직이나 장차관 자리보다는 함께 걱정해야 할 충청의 힘, 평소 소신이었던 새로운 지방자치의 패러다임인 로컬거버넌스 정립의 소명이 우선이었다.

세계는 국가 중심의 국제경쟁에서 신지역주의와 다국적 자본의 세계화라는 변화와 함께 지방경쟁이 새로운 패러다임으로 나아가고 있는데 우리는 과도기의 지방자치를 벗어나지 못하고 있다는 현실이 나를 부르는 소명이라 생각했다. 그리고 오히려 이러한 선우후락의 다짐과 실천이 나를 더 큰 국민과 충청인의 소명으로 이끌어 주지 않았나 되돌아보며 감사한다.

아낌없이 주는 길만이 순정(純情)을 지키는 길

이제 정치인으로서 끝없이 이어지는 정치권의 당리 당략과 이전투구 속에서도 늘 내가 아산시민보다, 나아가 충청인과 국민보다 먼저 걱정하고 노력함으로써 조금이나마 국민들의 심려를 덜어드려야 한다는 것이 변함없는 다짐이다. 그리고 그것이 내가 아산시민과, 충청인, 나아가 국민을 향한 순정(純情)을 지키는 길이라는 신념이다. 신념이란 지키기 힘들 때가 많다.

솔직히 어떨 땐 무정한 마음에 지칠 때도 적지 않다. 세종시 문제가 그렇고 지방행정체제 개편과 아산 · 천안 통합 또한 그러하다. 공론화되기 훨씬 이전부터 준비하고 바로잡으려 노력했다. 하지만, 세종시 원안 추진을 발목 잡는 이면에는 수도권 표심을 노린 민주정치라는 미명의 정략이 숨겨져 있고, 지방행정체제 개편과 시군통합의 무원칙하고 전시행정적인 추진의 이면에는 선거구제 개편이라는 정략이 또한 비수처럼 숨겨져 있다.

세계는 지역과 지방의 규모를 인구 500만~1,000만 규모로 광역화하면서 국가를 대신한 블록 경제의 주체로 지방정부를 키우고 있는데, 우리는 오히려 인구 100만 규모의 광역자치를 근간으로 지방 행정을 개편해서 어떻게 이들과 어깨를 겨루겠다는 것인가?

먼저 걱정하고 준비했어도 다수 정치세력의 정략 앞에서 무력함을 느낄 때가 있다. 새벽에 밝아오는 미명을 바라보며 속이 타고 발이 닳도록 뛰고 설득하고 외쳐가면서, 막차시간에 쫓겨 졸린 눈을 치뜨고 서류뭉치를 헤집어가면서 그래도 이 길을 가야한다고 스스로를 채찍질할 수밖에 없다.

오늘도 아산과 서울을 오가는 길에서, 여의도에서 지켜야 하는 국민들과의 순정(純情)을 되새기며, 우리 아이들이 어린 시절 사주었던 〈아낌없이 주는 나무〉를 생각한다. 한 아이가 푸른 잎이 무성한 커다란 나무에 달린 빠알간 과일을 향해 손을 내밀고 있는 그림. 그 책에서 '아낌없이 주는 나무'는 기둥이 베어지고 밑둥만 남아서도 나이가 들어 나무를 찾아온 그 옛적 아이에게 쉴 자리를 만들어 준다.

나는 우리 아이들이 당장은 손해를 보더라도 끝내 '아낌없이 주는 나무'로 자라기를 바란다. 나 또한 '아낌없이 주는 나무'가 되기를 지금도 애쓰며 기도한다. 아산시민, 충청인, 그리고 언젠가는 대한민국 국민을 위해 순정(純情)을 지키며 바치는 한 그루의 '아낌없이 주는 나무'로 남고 싶다.

고향 아산과 충청을 향한 신념

즐겨 애송하는 시 한 편이 있다. 영국 아일랜드의 시인 윌리엄 버틀러 예이츠(William Butler Yeats (1865-1939)의 '이니스프리의 호도(湖島)' 이다.

이제 나는 가련다, 이니스프리로 가련다.
거기 진흙과 나뭇가지로 작은 집 짓고
아홉 이랑의 콩밭 갈며 꿀벌도 치며
벌 소리 잉잉대는 숲속에 홀로 살리라.

그러면 거기 평화가 있겠지.
안개 낀 아침부터 귀뚜라미 우는 저녁 때까지
그곳은 밤중조차 훤하고 낮은 보랏빛
저녁에는 홍방울새 가득히 날고.

이제 나는 가련다, 밤이나 낮이나
기슭에 나직이 호숫물 찰삭이는 소리
가로에서나 회색 포도 위에서나
내 가슴 속 깊이 그 소리만 들리누나.

— 예이츠, '이니스프리의 호도(湖島)' 全文

예이츠는 1865년 아일랜드의 더블린 샌디마운트에서 태어났고 시인과 극작가로 활동하였으며, 1923년에는 노벨문학상을 수상하였다. 그는 고향 더블린의 작은 마을에 묻혔고 그의 무덤에는 이렇게 새겨져 있다.

"차가운 눈길을, 삶과 죽음 위에 던지며, 말탄 자여, 지나가거라!

Cast a cold eye, On life, on death. Horseman, pass by!"

아일랜드의 더블린 교외 성 콜룸바 교회(St. Columba's Church)에 있는 윌리엄 버틀러 예이츠의 묘와 묘비명.

예이츠는 고향에 묻히면서, 죽어서도 자신의 삶과 문학에 대해 냉철한 평가를 바랐던 듯하다. 하지만 지금 세계에서 예이츠를 기리며 찾아오는 관광객들은 이 평범하고 작은 묘비명을 꼭 찾아보고, 그의 고향 사랑이 담긴 '이니스프리의 호도'를 암송하며 기념으로 그의 시집 한두 권을 꼭 사가곤 한다고 한다.

나는 새해가 되면 숙연한 마음으로 과연 나의 묘비명에는 어떤 글귀가 새겨질 것인지 생각해보곤 한다. 나는 나의 뼈와 육신, 그리고 나의 정신과 혼을 고향 충청과 아산에 묻고 싶다. 그리고 나의 묘비명에는 미력하나마 고향을 위해 일했노라는 글을 새기고 싶다. 그리고 할 수 있다면 죽어서도 무언가 고향을 위해 이바지하고 싶은 소망을 되새기곤 한다.

아일랜드 출신인 예이츠는 '모든 아일랜드 젊은이들에게는 조국을 위해 기꺼이 목숨을 바칠 수 있다고 확신하는 때가 있다' 라고 적고 있다. 그가 왕성한 작품활동을 하던 시절 아일랜드는 영국으로부터 극심한 차별에 맞서고 있었다. 특히 1920년대 아일랜드는 자신들이 영국의회에 가지고 있는 민족당의 지분으로 아일랜드의 자치를 요구하던 시대다. 아일랜드의 자치운동이 제1차 세계대전으로 인해 실패로 돌아가자 과격한 독립주의자들에 의해 더블린 시내의 공공건물이 점거되는 사태가 일어나게 되는데, 이것이 바로 1916년에 일어난 '부활절 봉기' 였다. 사건은 시민 450명이 사망하고 2,600명이 부상했으며, 주모자 15명이 처형되는 참극으로 종결된다.

예이츠는 아일랜드의 민족주의를 소망하였고 '이니스프리의 호도' 를 비롯한 그의 문학작품에는 조국 아일랜드를 향한 동경과 사랑이 담겨 있다.

"정수리에서 발끝까지 다 닳아 없어진다 하더라도"

누구에게나 고향은 소중하며 고향을 위해 일하고 싶어한다. 하지만 오늘 한국에서 충청도는 비록 아일랜드처럼 비극적이진 않지만 정치적 소외로 인해 외딴 섬처럼 따돌림 받을 때가 적지 않다.

나는 수없이 되묻곤 한다. 왜 충청도는 홀대받아야 하는가? 왜 충청권만 이리저리 휩쓸려서 사분오열하다가 명분도, 실리도 다 놓쳐야 하는가? 하지만 그래도 나아가야 한다. 설령 정수리 끝에서부터 발끝까지 다 닳아 없어진다 하더라도 바른 길을 가야 한다. 진정한 국민통합을 이루어 충청권의 정치적 소외가 사라질 때까지. 그러기 위해서는 정권에 의해 지역의 권익이 좌우되는 지역주의를 넘어서야 한다.

나는 2006년 소수 정당이었던 국민중심당 후보로 충남도지사 출마를 결심하면서 '마정방종(摩頂放踵) 이천하(利天下) 위지(爲之)' 라는 맹자 진심상편의 가르침을 되새기며 "나를 희생해서라도 충청인의 가슴에 기억되고, 충청을 살리는 길을 가겠다" 고 밝힌 적이 있다.

'마정방종(摩頂放踵) 이천하(利天下) 위지(爲之)'. 즉 백성을 위해 천하를 이롭게만 할 수 있다면 머리 끝에서 발바닥까지 다 닳아 없어진다 하더라도 가야 하는 것 아닌가? 고향 충청과 아산을 위한 변함없는 나의 신념이다. 나는 무원칙하고 일관성을 잃어버린 정략 앞에서 지칠 때마다 스스로에게 채찍질을 하곤 한다. 이럴 때면 고향 아산의 성웅 이 충무공께서 임진왜란 때 남긴 시구 한 구절을 가슴에 새기면서 힘을 내곤 한다.

"서해어룡동(誓海魚龍動), 맹산초목지(盟山草木知)."

즉 "바다에 맹세하니 물고기와 용이 감동하고, 산에 맹세하니 풀과 나무가 알아주네."라는 시구절이다.

조정의 존폐가 백척간두에 서고 백성이 왜적의 창칼 앞에서 죽어가고 내몰리는 비참한 현실 앞에서도 끊이지 않는 당파싸움과 당리당략의 소용돌이 속에서 이 충무공에게 바다와 산은 스스로를 세우는 백성과 조국의 현신이었을 것이다. 그렇다면 이 충무공은 스스로 세운 백성과 조국을 위해 무엇을 노래했던 것인가? 이 충무공은 한산도에서 벼려 만든 두 자루의 큰 칼에 새겼다.

'삼척서천 산하동색(三尺誓天 山河動色)'. 즉 석 자 칼로 하늘에 맹세하니 산하도 마음 빛을 움직여 준다는 4자 2구와 '일휘소탕, 혈염산하(一揮掃蕩, 血染山河)', 즉 한 칼 휘둘러 모조리 쓸어내고, 그 피로 산하를 물들이리라는 4자 2구를 장검과 함께 스스로의 기개에 새겼을 것이다.

"진정한 백의종군을 행하는 공직자가 되고 싶다"

입으로는 이 충무공의 '사즉필생(死卽必生)'을 앞세우는 이 많으나 스스로를 버리는 이가 드물고, 입으로는 "아직 열세척의 전선이 남아있다"는 각오를 앞세우는 이 또한 많으나 스스로 수백 척의 왜선과도 같은 대세에 맞서는 이가 드문 것이 바로 우리 현실이 아닌가 자조하면서 나 또한 그리 휩쓸리지는 않는지 매일같이 스스로를 닦아세우곤 한다.

'백의종군(白衣從軍)'은 또 얼마나 많은 세간의 말장난으로 놀아나는가? 어머님의 임종도 상도 다 못하고 흰 광목옷에 거친 음식으로 125일 동안을 걸어 민심을 수습하고 군열을 정비하며 스스로의 기개로 세운 백성과 조국을 위해 경기, 충청, 호남, 영남을 거쳐 2천여리 길 대장정으로 임진왜란을 최후의 승리로 이끌었던 걸음걸음이 바로 백의종군 아니던가?

나는 보수주의자이나 고칠 것은 반드시 고쳐야 한다는 소신이다. 나는 우리가 본받아야 할 전통과 가치는 올곧게 지켜가야 한다고 믿는 보수주의자이나, 악습과 폐단은 반드시 척결해야 한다는 믿음이다.

군수실의 결재를 없애고 현업 부서를 돌며 결재를 한다면 업무처리가 얼마나 빨라지며, 그 혜택이 바로 시민들에게 돌아가지 않는가? 기관장실의 차 접대를 없애고 여성공직자에겐 본연의 행정업무를, 그리고 손님이나 직원들과 함께 온수기로 직접 내 고향의 차를 타서 마시면서 업무를 본다면 더 좋지 않은가?

일요일이나 공휴일에는 관용차에서 내려 버스와 기차를 타고 봉사의 길을 나서면 적어도 관용차 타고 골프 친다는 비난은 바로 잡을 수 있지 않은가? 기관장이라 해서 지역행사에 귀빈 대접을 받으며 줄도 안서고 무사통과하는 특권사회의 폐습은 이제 바로 잡아야 하는 것 아닌가? 꼭 어려울 때는 백의종군을 앞세우다가 권력을 잡으면 특권을 누리며 호의호식하는 악폐를 이제는 바로잡아야 할 때가 아닌가 말하고 싶다.

나는 두 번의 낙선과 4년여의 대학강단 생활을 아산시민, 그리고 충청인이 나에게 주신 백의종군의 길이라 생각했다. 선량으로 뽑아주신 지금의 국회의원직 또한 아산인과 충청인의 권한을 잠시 대행하는 백의종군의 길임을 분명히 하고 있다.

나는 2004년 첫 에세이집 서문에서 충남 부여 출신인 신동엽 시인의 시 한 구절을 빌어 오늘날 우리 시대에 일상적인 백의종군 공직자의 모습을 그린 적이 있다.

퇴임 후 손녀 딸과 봉하마을에서 자전거를 타며 평범하게 살아가고자 했던 노무현 전 대통령의 모습에서 우리는 잠시 신동엽 시인의 시에 나오는 '석양대통령'의 꿈을 보았다.

스탄디나비아라든가 뭐라고 하는 고장에서는 아름다운 석양대통령이라고 하는 직업을 가진 아저씨가 꽃리본 단 딸아이의 손 이끌고 백화점 거리 칫솔을 사러 나오신단다. 탄광 퇴근하는 광부들의 작업복 뒷주머니마다엔 기름묻은 책 하이덱거 럿셀 헤밍웨이 장자 휴가여행 떠나는 국무총리 서울역 삼등대합실 매표구 앞을 뙤약볕 흡쓰며 줄지어 서있을 때 그걸 본 서울역장이 기쁘시겠소라는 인사 한 마디 남길 뿐 평화스러이 자기 사무실 문 열고 들어가더란다. 남해에서 북강까지 넘실대는 물결 동해에서 서해까지 팔랑대는 꽃밭 땅에서 하늘로 치솟는 무지개빛 분수 이름은 잊었지만 뭐라든가 불리우는 그 중립국에선 하나에서 백까지가 다 대학나온 농민들 추럭을 두 대씩이나 가지고 대리석 별장에서 산다지만 대통령 이름은 잘 몰라도 새이름 꽃이름 지휘자이름 극작가이름은 훤하더란다. 애당초 어느 쪽 패거리에도 총쏘는 야만엔 가담치 않기로 작정한 그 지성 그래서 어린이들은 사람죽이는 시늉 아니하고도 아름다운 놀이 꽃동산처럼 풍요로운 나라, 억만금을 준대도 싫었다 자기네 포도밭은 사람 상처내는 미사일기지도 탱크기지도 들어올 수 없소 끝끝내 사나이나라 배짱 지킨 국민들, 반도의 달밤 무너진 성터가의 입맞춤이며 푸짐한 타작소리 춤 사색뿐 하늘로 가는 길가엔 황토빛 노을 물든 석양대통령이라고 하는 직함을 가진 신사가 자전거 꽁무니에 막걸리병을 싣고 삼십 리 시골길 시인의 집을 놀러가더란다.

– 신동엽, 산문시 全文

이 충무공의 백의종군의 모습을 오늘 일상적인 우리 공직자상으로 옮긴다면 바로 이 시에 나오는 총리와 석양대통령의 모습이 아니던가?

나는 2002년 5월 어느 일요일 내가 기획하고 준비해서 개최했던 안면도꽃박람회에 가족과 함께 아내의 세피아 승용차를 타고 갔다. 그리고 뙤약볕 아래 관람객들과 함께 줄을 서서 표를 사고 줄을 서서 관람을 했다. 불편한 것도 함께 겪어보고 즐거움도 함께 느껴보는 것이 일상 속의 백의종군 아닌가?

우리는 잠시 이 시속에 나오는 석양대통령의 모습을 보았다. 퇴임한 대통령으로 고향에서 주민들과 함께 손녀딸을 자전거에 태우고 마을 상점으로 아이스크림을 사주러 가던 노무현 전 대통령. 하지만 그러한 무지개 빛 꿈도 잠시, 정치의 사슬은 끝내 노무현 전 대통령을 비운의 길로 몰아넣었다. 이제 더 이상 이러한 비극은 없어야 한다. 스스로 낮아져서 국민과 함께 고락을 함께 한다면 진정 우리 생활 속에서 백의종군의 지도자와 공직자를 만날 수 있게 될 것이다.

나는 더불어 소망한다. 예이츠가 고향 더블린에 묻혀 후세인들에게 고향사랑을 전하고 있듯이 나의 삶과 공직의 길을 미력하나마 고향 아산과 충청을 위해 변함 없이 갈 수 있기를 소망한다.

진정한 카리스마를 생각한다

신년 들어 유달리 눈이 잦다. 새벽 길을 나서면 주요 교차로나 횡단보도는 눈이 얼어붙지 않도록 말끔히 치워져 있다. 새벽부터 눈을 치워주시는 고마운 청소원 분들의 보이지 않는 손길에 감사하며 잠시 상념에 젖는다.

학창 시절 겨울방학이면 동네 벗들과 학성산을 내달리며 토끼몰이를 하던 추억. 철이 들 무렵에는 학성산에 올라 드넓게 펼쳐진 하얀 내포벌을 굽어보며 이육사 선생의 시 '광야'를 떠올리곤 했다. 모든 것이 불확실하고 아득하게만 느껴지던 시절, '광야'는 선인의 호연지기를 한껏 느끼면서 마음을 다잡을 수 있게 해주었던 시였다.

까마득한 날에
하늘이 처음 열리고
어데 닭 우는 소리 들렸으랴.

모든 산맥들이
바다를 연모해 휘달릴 때도
차마 이곳을 범하던 못하였으리라.

끊임없는 광음을
부지런한 계절이 피어선 지고
큰 강물이 비로소 길을 열었다.

지금 눈 내리고
매화 향기 홀로 아득하니
내 여기 가난한 노래의 씨를 뿌려라.

다시 천고의 뒤에
백마 타고 오는 초인이 있어
이 광야에서 목놓아 부르게 하리라.

– 이육사 시인의 '광야' 全文

나에겐 흰 눈이 만들어준 학성산 자락에 펼쳐진 하얀 내포벌이 마치 '광야'처럼 신비롭게 다가오곤 했다. 지금 다시 조용조용 읽어보면 치열한 정신과 행동으로 일제에 항거했던 이육사 선생의 삶이 함께 떠오르면서 그 의미가 새롭게 다가오곤 한다. 이육사 시인이 온몸을 던져 항거하면서 뿌리고자 했던 '가난한 노래의 씨'. 어디 이육사 선생 뿐이랴. 김구 선생이 소망했던 '높은 문화의 힘으로 아름다운 나라', 안중근 의사가 처형 당일 아침 한 치의 흔들림 없이 그를 흠모했던 일본인 간수의 청을 들어 써주었다는 "국가를 위해 몸을 바치는 것은 군인의 본분이다.(爲國獻身 軍人本分)"라는 휘호와 "대한국인 안중근 근배(大韓國人 安重根 謹拜)"에 담긴 대한국인으로서의 기개.

나는 이육사 시인의 '광야'를 떠올릴 때마다 이 분들의 삶 어느 한 순간도 스스로를 내세우지 않았음에도 백마 타고 오는 초인의 노래처럼 우렁차게 우리 후손들의 삶을 끊임없이 일깨우며 참으로 은혜로운 카리스마로 우리 곁에 현신하고 있음을 가슴 절절히 느끼곤 한다.

참된 '카리스마(charisma)'를 생각한다

나는 아침 저녁으로 국회에 출입할 때마다 못마땅한 것이 하나 있다. 바로 국회의원이나 보좌진, 그리고 입법공무원들과 일반 국민들의 출입문이 다르다는 것이다. 국회의원은 앞쪽 출입문으로 드나들고 일반시민은 뒤로 돌아 뒷문 출입구로 드나들어야 한다. 업무상의 안전과 의전의 필요성은 인정한다. 하지만 국회의 진짜 주인은 누구인가? 바로 국민 아닌가? 우리나라 헌법 제1조 2항은 바로 "대한민국의 모든 권력은 국민으로부터 나온다" 아니던가?

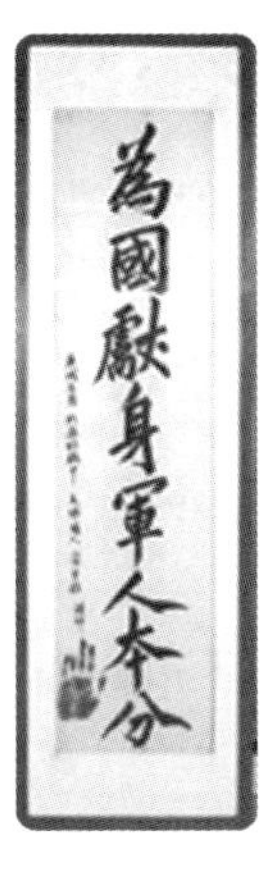

안중근 의사가 죽음 직전
일본인 간수 치바에게 써주었다는 친필휘호.
이 휘호는 당시의 일본인 치바 부부가 사망한 후
질녀인 미우라 쿠니코가 보관하다가
1979년 12월 우리나라에 반환,
남산 안중근의사기념관에 기증되었다.

공무수행과 의전상 꼭 필요하다면 민원인이나 국민들이 앞쪽 정문으로, 그리고 국회의원과 보좌진, 국회 공무원들이 뒤쪽 후문을 이용하면 어떤가? 특히 우리 어린이와 청소년, 어르신들이 국회를 찾는 모습을 볼 때마다 되새기는 반성이다.

더불어 진정한 지도자의 리더십은 국민을 받들고 스스로를 낮출 때 비로소 시작된다는 믿음이다. 단재 신채호 선생은 일제 치하의 치욕 속에서 '이태리 건국 삼걸전'을 우리 글로 옮기면서 서문에 온 민족이 통합과 화합의 지도자로 나서는 소망을 적고 있다. "대한중흥의 3걸, 아니 3십걸, 아니 3백걸을 보고 싶다"로 시작되는 신채호 선생의 서문은 100년이 지난 오늘 우리에게 진정한 리더십이 무엇인지 깨닫게 해준다.

지나온 삶을 돌아보면서 나를 아껴주는 많은 분들께서 내게 주신 진심어린 충고 중 하나가 카리스마가 부족하다는 것이다. 나는 알고 있다. 그 분들의 고마운 충고 속에는 "자넨 지도자가 되라"는 격려가 담겨있다는 것을.

나는 오래도록 참된 '카리스마(charisma)'란 무엇인가 고민해왔다. 내 나름의 결론은 '가장 낮은 곳에서 함께하는 것'이다. 카리스마의 어원은 그리스어에서 유래된 말로 논리적으로는 설명할 수 없는 특별한 능력, 권력, 또는 매력을 의미한다. 그렇다면 이러한 능력은 무엇에서 얻어지는가? 바로 무한한 헌신과 봉사라는 것이 내 믿음이다.

서구 기독교에서 카리스마의 의미는 그리스도가 인간에게 베푸는 '무한한 은총의 선물'을 의미한다. 막스 베버는 이러한 서구 기독교적 전통의 카리스마를 보통 인간과는 다른 초자연적이고 초인간적인 능력이나 힘이라 정의한다. 그리고 신앙심과도 같은 절대적인 신뢰를 바탕으로 맺어지는 지배와 복종의 관계를 카리스마적 지배라는 사회과학적 개념으로 정립한다.

나는 참된 카리스마의 의미를 '가장 낮은 곳에서 함께 하며 더불어 만들어가는 무한한 은총의 선물'이라 정의하고자 한다. 그리고 이를 실천하고자 한다. 히틀러나 뭇솔리니의 카리스마가 아니고, 테레사 수녀나 독립된 대한민국 정부의 청지기가 소원이라 했던 김구 선생의 카리스마를 배우며 따르고자 하는 것이 내 소망이다.

학창 시절 유행처럼 책꽂이를 장식했던 히틀러가 지은 〈나의 투쟁〉이란 책이 있었다. 히틀러가 쿠데타에 실패하고 감옥생활을 하던 당시 자신의 성장과정과 사상, 특히 게르만 우월주의를 비롯한 국가관을 정리한 책이다. 나는 왜 이 책이 우리 시대의 청년들에게 널리 읽혔는지 되돌아보곤 한다. 아마 추론하건대는 일본의 영향이 절대적이던 당시 일본 군국주의에 대한 잔재가 우리 출판계에 미친 영향 때문이 아니었던가 싶다.

나는 최근 〈비트겐슈타인과 히틀러〉라는 픽션 형식의 책에 대한 서평을 접한 적이 있다. 20세기의 천재 철학가로 평가받는 유태인 비트겐슈타인에 대한 히틀러의 반감이 아우슈비츠의 비극으로 상징되는 홀로코스트를 불렀다는 흥미로운 추론이 담긴 내용으로 기억한다. 나는 이 추론의 사실 여부를 떠나 무엇이 15살의 두 소년이 정반대의 삶을 살아가게 했는지 깊이 생각해보았다.

막대한 유산을 누이들에게 나누어주고, 한 때 케임브리지보다 초등학교 교사직을 전전하기도 했고, 1차 세계대전에는 군인으로, 2차 세계대전에는 강단에서 물러나 자원봉사자로 헌신했던 일화로 유명한 20세기 초반 천재 철학가 비트겐슈타인 62년 평생을 홀로 살면서 남긴 방대한 저작의 소유권조차 친구들에게 남긴 그의 삶은 어쩌면 히틀러와 정반대의 영향으로 인류역사에 남아 있지 않나 생각된다.

무엇이 15살 두 소년의 삶을 인류사에서 정반대의 극점에 서게 했는가? 답은 편견과 우월주의 아닌가?

오스트리아 린츠의 레알슐레 공업학교 재학 시절 15살의 비트겐슈타인과 히틀러의 모습. 오른 쪽은 역사적 자료와 추론을 통해 히틀러의 유태인에 대한 편견과 홀로코스트의 만행이 레알슐레 공업학교 재학 시절 비트겐슈타인에서 비롯됐다는 추론을 담고 있는 책 〈비트겐슈타인과 히틀러〉.

나는 공직생활 동안 누구보다 위에 있다는 생각을 해본 적이 없다. 나이의 차이나 선후배 관계도 동등하고 자유로워야 한다는 믿음이다. 그래서 사회적 통념상의 상하관계나 선후배관계에 있더라도 나는 늘 존댓말을 쓴다. 이러한 나의 존댓말 습관은 종종 거리가 느껴진다거나 가까이 다가서기 어렵다는 충고로 내게 돌아오기도 한다. 하지만 한두 번 겪다보면 내 진심을 알아주고 자연히 서로를 존중해주는 관계가 된다.

나는 상하관계나 나이, 그리고 사회적 통념상의 높고 낮음과 직급상의 상하관계를 벗어나 서로 존중해주고 받드는 것이 진정한 카리스마라는 신념이다. 나아가 서로를 존중하는 우리 사회를 소망한다. 권력에 가까울수록 스스로를 낮추고, 국민을 높여야 한다.

나라와 나라 사이도 마찬가지이다. 나는 기회가 있을 때마다 안중근 의사의 자취를 뒤따라 쫓곤 한다. 뤼순 감옥에도, 형장에도, 또 하얼빈 역도 찾아보았다. 번잡한 이국의 인파 속에서 100년을 넘기며 안내표지판 하나 없이 무심히 잊혀지며 남아 있는 안중근 의사의 발자취들.

그러나 나는 또렷이 들을 수 있었다. 안중근 의사가 옥중에서 죽음 직전까지 써내려간 '동양평화론'의 평등하고 호혜로운 목소리를. 하지만 역사는 무력을 앞세운 이토의 일본 우월주의와 일본 군국주의 중심의 '대동아공영론'의 총칼 앞에 대한제국을 병탄하고 만다. 이제 올해 8월이면 한일병탄 100년째를 맞는다. 우리 대한민국 또한 진정 호혜로운 카리스마로 공존공영하는 동아시아의 질서를 만들어 나가는 것이 안중근 의사의 '동양평화론'을 참되게 계승하는 길이라는 믿음이다.

大韓國人의 카리스마를 세우자
대한국인

"유구한 역사와 전통에 빛나는 우리 대한국민은 3·1운동으로 건립된 대한민국임시정부의 법통과 불의에 항거한 4·19민주이념을 계승하고..."

우리 대한민국 헌법 전문의 첫 구절이다. 하지만 과연 우리는 대한민국의 법통을 계승하고 있는가. 한일강제병합 100주년을 맞는 오늘 우리 스스로에게 묻는 질문이다. 우리 대한민국이 G20의장국이 되었고, 원조를 받던 나라에서 원조를 하는 나라가 되었다. 이를 계기로 정부는 국가브랜드위원회를 중심으로 "국격(國格)을 높이자"는 캠페인을 벌이고 있다. 하지만 디자인과 로고를 만들고 캠페인을 벌인다고 국격이 높아지는가?

우리의 국격은 어디로부터 오는가? 바로 우리의 역사에서 연유하고 계승되는 것이다. 다시 우리 스스로에게 묻는다. 우리는 우리 역사를 얼마나 사랑하며 지키고 있는가? 또 우리는 우리 역사 속의 대한민국을 얼마나 사랑하며 지켜왔으며 지키고 있는가? 부끄러움과 반성이 앞선다.

우리는 우리 국민을 얼마나 지키고 있는가?

단적인 예가 일제치하에서 강제로 끌려간 우리 국민들에 대한 관심이다. 우리는 광복이 된 지 59년만인 2004년 12월 처음으로 한일 정상회담에서 노무현 대통령이 고이즈미 준이치로 총리에게 일제치하에서 끌려갔던 노무동원자 유골에 대한 수습과 봉환에 협조해줄 것을 요청했고, 우리 정부는 일제강점하강제동원피해진상규명위원회를 구성, 일본 정부와 '한일유골협의'를 진행해왔다. 그리고 3월이면 일본 정부가 60년 만에 한국인 강제징용자에 대한 공탁금 명부를 우리에게 넘겨 줄 예정이다.

강제징용자 유골 봉환 주요 사례

1938, 4 ~45, 8	국가총동원법에 따라 최소 103만여명 해외 강제징용
1948	일본, 연합군총사령부 지시로 육·해군 유골 7643위를 한국 과도 입법의원에 인도
71, 11	일본 외무성 측이 부산공항에서 유족대표 정기영씨에게 유골 246위 인도
77, 5	이태영 대구대 총장 등이 남양군도 티니안에서 무연고 유골 5000여위 발굴해 국내 봉환
82, 12	일본 후생성 측이 김포공항에서 한국 보건복지부 측에 유골 5위 인도
92, 5	재일동포 배해원씨가 도쿄의 한 사찰에서 봉환한 유골 104위를 춘천 납골당에 안치
2004, 11	특별법 제정, 일제강점하강제동원피해진상규명위원회 출범
2004, 12	노무현 대통령-고이즈미 총리, 유골 봉환 협조 약속
2006, 11	한일, 유족이 확인된 유골 봉환 합의
2008, 1	제1차 도쿄 유텐지 유골(101위) 봉송 및 안치식
2008, 11	제2차 유텐지 유골(59위) 봉송 및 안치식
2009, 7	제3차 유텐지 유골(44위) 봉송 및 안치식
2009, 8	사할린 지역 조선인 유골 실태조사 3차 보고서

국민일보에서 보도한 대한민국 강제동원피해자 유해 송환 일지. 부끄럽게도 정부차원의 본격적인 송환이 이루어지기 시작한 것은 일본 패전 59년이 지난 2004년부터다.

부끄럽게도 59년 만에 시작된 우리 국민의 유해와 권익을 찾는 일이 이제 본격적으로 시작인데 정작 위원회는 3월 24일이면 법적 활동기간이 종료돼서 문을 닫아야 할 판이다. 일본 정부가 최근 우리 정부에 건네주기로 한 공탁금 명부는 일제시대 일본 기업들이 한국 노동자에게 주지 않았던 임금, 수당 등을 일본 정부에 공탁한 내역이 담긴 문서이다. 이 문서를 확보하면 당시 징용 피해자들이 임금 등을 돌려받을 수 있는 길이 열리게 되는 것이다.

국회에서 선배 동료 의원분들의 동의를 얻어 지난 해 9월 '일제강제동원피해진상조사와유해봉환및지원 등에 관한 법률' 제정안을 발의한 이유도 이 때문이다. 국무총리실 산하 과거사위원회 가운데 일제강점하강제동원피해진상규명위원회와 태평양전쟁전후국외강제동원희생자지원위원회를 유기적으로 통합, 상설화해서 진상규명 작업을 4년 연장하고 피해 지원 활동은 상설화 하자는 것이 법안의 핵심이다.

하지만 국격을 높이자는 정부와 여당은 오히려 팔짱만 끼고 있는 상황이다. 전 정권 시절의 일이라 무관심한 것은 아닌지 묻고 싶다. 아니 이명박 정부의 역사인식에 대해 묻고 싶다.

국민들은 기억한다. 2008년 집권 첫 8.15 광복 63주년 행사는 건국 60주년 행사로 변질됐고, 헌정 사상 처음으로 여당은 경복궁 앞에서, 야당은 효창동 백범 김구 선생 묘역에서 광복절 기념행사를 따로 하는 불상사가 연출됐다. 우리 헌법에 명시된 건국의 법통은 상해임시 정부이다. 그런데 1948년 남한 단독정부 수립일을 건국일로 바꾸려는 축소지향적인 역사인식을 고집하는 이유가 과연 무엇인가?

진정 이명박 정부와 한나라당이 헌법 전문에 명시한 바 상해임시 정부의 법통을 인정하고 대한민국의 역사를 인정한다면, 비록 전 정권에서 시작된 일이라 할 지라도 역사 속 국민의 권익을 지키는 과거사 문제에 적극 나서야 당연하다.

일본, 중국, 미국의 자국민과 유해 송환정책

전쟁 당사자였던 일본은 어떠했는가? 일본 정부는 이미 패전 직후인 1950년대 초반부터 자국 사망자의 유골 수습에 전력투구했다. 52년 중의원에서 '해외 잔존 전몰자 유골 수습 및 송환 등에 관한 결의'를 채택한 것을 계기로 그간 300차례가 넘는 유골 수집 횟수를 기록하며 동남아, 중국, 러시아 지역까지 샅샅이 조사했다. 예산만 해도 153억엔 이상 소요됐고 그 결실로 전사자 240만명 가운데 124만명의 유골을 일본으로 봉환했다.

최소한 103만명이 넘을 것으로 추정되는 우리나라의 강제동원 국민수에 비해 4만여명밖에 안되는 중국은 어떠했는가? 중국이 일본과 자국민과 유해 송환을 시작한 1952년 당시는 미국이 대만으로 쫓겨간 장제스 국민당 정권을 유일한 합법정부로 인정하고 중국 대륙 봉쇄정책을 취하던 때라 외교적으로나 현실적으로 자국민과 유해 송환이 어려운 상황이었다.

미수교 상태에서 유골 문제를 푸는데는 중국정부의 유연하면서도 당당한 외교정책이 핵심적인 역할을 했다. 2차대전 중 중국에서 강제연행된 중국인 노무자는 약 4만여명. 이들은 일본 각지 135개 사업소에 배치돼 혹사를 당했는데 약 7,000여명이 숨진 것으로 추정된다.

중국은 중국에 잔류중인 일본인 거류자와 일본인 전범 카드를 적절히 활용, 유연한 외교정책으로 일본을 협상 테이블로 끌어냈고, 1952년 12월말 잔류 일본인 조사 결과를 발표하고 귀국 희망자는 협조할 용의가 있다고 밝힘으로써 일본적십자사·일중우호협회·평화연락회 등 민간단체가 곧바로 대표단을 베이징으로 파견해 협상에 응하도록 유도했다.

또한 중국과의 교역을 원하는 전후 일본의 경제상황을 적절히 이용, 요시다 내각과 국회의 동의를 얻어 결국 일본 국회에서 초청결의안이 채택되고, 중국 홍십자회 대표단이 1954년 10월말 하네다공항에 도착할 수 있었다. 당시는 한국전쟁으로 미국과 중국이 정면충돌을 벌이고 있는 시점이었고, 미군정을 거치면서 미국의 영향력이 절대적이었던 상황에서 일본과 중국 사이에 상호

귀환자들을 태운 여객선이 오갈 정도로 중국정부는 자국민에 대한 관심과 열정을 보였다. 중국인 희생자 약 5,000여명의 유골도 이때 돌아갔고, 중국은 일본을 위해 죽어갔던 자국민들을 포로 희생자가 아니라 '항일열사'로 맞아들였다.

미국은 세계 제2차대전 직후부터 자국 군인의 유해발굴 전담부서와 부대를 운영하면서 오늘날까지 유해발굴과 송환을 상시적으로 운영하고 있고, 6.25가 끝난 지 57년이 지난 오늘날까지 북한과 지속적으로 미군 유해 발굴과 송환을 추진해오고 있다.

북한의 6자회담 거부와 핵문제로 위기상황으로 치닫던 2005년 4월 당시의 한반도 상황에서도 북한 개마고원 장진호 주변에서는 미국 국방부 소속 유해발굴 전문가들과 특수요원 27명이 북한 군인들을 지휘하며 6.25 당시 전사하거나 실종된 미군의 유해발굴 작업을 하고 있었을 정도였다. 미국은 1996년부터 북한지역 내에서 미군 유해발굴 작업을 해왔고, 그 대가로 2004년에만 500만 달러를 북한당국에 지급했다. 막대한 비용을 지불하면서, 핵문제로 인한 일촉즉발의 군사적 대립의 위험을 무릅쓰고 자국의 군인 유해를 한 구라도 더 발굴하려는 미국의 노력은 과연 진정한 국격, 즉 국가의 카리스마가 어떻게 만들어 지는지를 우리에게 똑똑히 보여준다.

대한민국의 카리스마를 세우는 길

이 뿐인가. 국격을 바로 세우고 진정한 대한민국의 국제적 카리스마를 정립하는 과제는 한두 가지가 아니다. 불법조약인 간도협약도 우리 대한민국이 시급히 회복해야 할 과제 중 하나다. 지난 해 8월 28일 나는 여야 선배 동료 국회의원 50여분의 동의를 얻어 '간도협약의 원천적 무효 확인에 관한 결의안'을 국회 외교통상위원회에 제출했다. 간도협약의 근거인 1905년 을사늑약이 국제법상 원천적 무효이기 때문에 이에 기초해 체결한 간도협약도 원천적 무효일 수밖에 없는데도 우리는 100여년이 지나도록 방관해왔던 것이다.

간도협약은 1909년 9월 4일 일제가 남만주철도 부설권 등 이권을 얻는 대가로 간도에 대한 청의 영유권을 인정한 것으로, 간도협약 체결 이전 대한제국은 1885년과 1887년 청과 국경회담을 벌여 간도에 대한 영유권을 주장했으며, 1900년대 초반 들어서도 변계경무서(邊界警務署)를 설치해 간도의 한인을 보호하고 관할하는 등 간도를 분명한 자국 영토로 인식했던 역사를 엄연히 간직하고 있다.

대한민국의 국격을 올바로 세우는 길, 그 길에는 여야가 있을 수 없고 과거와 현재가 있을 수 없다. 역사의 교훈을 기억하지 않는 민족에게 역사의 비극은 되풀이된다. 진정 국민을 위하고 역사 속에서 대한민국을 바로 세우는 길, 그 길만이 미래 대한민국의 힘을 기르는 첩경임을 가슴 깊이 새긴다.

설 명절
大韓國民의 혼백을 기리며
대한국민

초등학교 시절 새해 달력이 나오면 음력날짜를 일일이 따져 설 명절이 겨울방학에 들어있는지부터 헤아리곤 했다. 대부분의 설 명절은 개학 이후였다. 당시 설 명절은 공휴일이 아니어서 방학이 아니면 학교에 가야 했다. 학생도, 선생님도, 공무원도, 근로자도 모두 출근했다. 당시에는 '이중과세(二重過歲)'라는 명목 아래 양력설을 쇠도록 하였고 음력설은 아예 공휴일에서 제외했다.

우리나라에 양력설이 도입된 것은 1895년 일제의 강요에 의해서였다. 명성황후 민비를 시해한 일제는 을미사변 이후 사실상 대한제국의 주권을 찬탈하고 조선에 대한 지배를 강화해가던 시절 양력설을 도입했다. 설 명절을 비롯한 조선의 문화가 서린 모든 미풍양속을 미개와 미신으로 몰아부쳤고, 1910년 한일 강제병합 이후 설 명절은 금기시되었다.

설 명절의 수난은 1895년 민비를 시해하고 조선침략을 노골화하던 일제에 의해 양력이 시행되면서 시작되었다.

설 명절의 수난은 1895년 민비를 시해하고 조선침략을 노골화하던 일제에 의해 양력이 시행되면서 시작되었다. 사진은 명성황후 민비의 국장 모습. (독립기념관 제공)

'설 명절 수난 104년'에 서린 친일잔재의 그늘

일제는 설날 대신 '신정(新正)'이라는 이름으로 양력 1월 1일을 공식 새해 명절로 지정했고, '구정(舊正)' 즉 설 명절이 가까워지면 떡 방앗간이 일제히 문을 닫아야 했다. 일본 순사들은 순찰을 돌았고 만일 문을 연 떡 방앗간이 있으면 잡혀가서 곤욕을 치러야 했다. 설 명절에 흰 옷을 차려 입고 세배를 다니다가 발각되면 먹물이 담긴 물총을 쏘아 단속했다는 기록도 남아있다. 일제는 설 명절을 쇠는 것조차 항일로 치부했던 것이다. 대부분의 마을 공동체에서 음력 대보름을 기해 지내던 한마당 잔치이자, 풍년과 풍어를 기원하는 미풍양속이었던 대동제(大同祭)도 미신으로 몰려 금기시했음은 물론이다.

일제는 불법이었던 을사보호조약 직후부터 우리나라 방방곡곡의 풍속과 민속에 대한 방대한 조사를 시작했고, 이를 근거로 일제 강점 36년 동안 민족의 풍속과 계, 두레 등에 바탕한 민족공동체의 뿌리를 찾아내서 철저히 미신으로 탄압했다.

우리 국민을 동원하기 위한 군국주의 교육은 한글말살과 함께 소학교, 국민학교에서 이루어졌고, 지맥에 쇠말뚝을 박고, 우리 전통의 놀이 대신 일본의 놀이문화를 이식하는 등 치밀하고도 장기적인 민족말살 정책이 자행되었다. 우리 어린이들이 아직도 즐겨 놀곤 하는 "무궁화 꽃이 피었습니다"와 같은 놀이도 일본 음률에 맞춰진 일제가 이식한 놀이이다. "여우야 여우야 뭐하니?"나 "우리집에 왜 왔니?" 등의 놀이도 모두 이 당시 이식된 일본풍의 놀이들이었다.

이렇게 일제에 의해 미개시(未開視)되며 탄압받던 설명절을 비롯한 민족의 전통과 풍속에 대한 친일잔재는 미군정을 거쳐 이승만 정권에서도 이어졌다. 1949년 정부는 양력 1월 1일을 사흘의 신정 연휴로 지정했고 '이중과세' 라는 말도 이 때 생겨났다. 1961년 박정희 대통령 아래에서는 아예 설날을 공휴일에서 제외시켰고 설명절에 공장이나 회사를 쉬는 경우엔 단속과 제재가 뒤따랐다.

이렇게 사라져가던 설명절이 되살아난 것은 1985년 1월 21일 설날부터였다. 전두환 정권의 제5공화국은 국민에 대한 선심성 정책의 일환으로 '민속명절' 이라는 어색한 이름으로 설날을 공휴일로 지정했다. 일제치하에서 설날이 없어진 지 만 90년 만의 일이었다. 당시 하루의 설을 쇠기 위해 귀성열차와 고속버스는 북새통을 이루었고 "길에서 이틀, 고향에서 하루 아침" 이라는 유행어가 생겨나기도 했다.

1989년 노태우 정부는 대통령령이었던 '관공서 공휴일에 관한 규정' 을 개정, 신정 휴일을 이틀로 줄이고 추석과 설 명절 연휴를 사흘로 늘렸다. 이후 1999년 1월 1일부터 신정 연휴는 하루로 줄고 설날이 공식적인 새해 명절로 격상되어 오늘에 이르고 있다. 일제에 의해 설 명절이 사라진 후 다시 설날이 제 자리를 찾기까지 104년의 시간이 걸린 것이다.

설명절 하나만 보아도 이렇게 친일잔재는 우리가 모르는 사이 뿌리 깊게 우리 생활을 지배해왔던 것이다.

43년 만에 빛을 본
임종국 선생의 '일제잔재 청산'

올 설 명절에는 찾아가 기리고 싶은 충청의 재야학자 한 분이 있다. 임종국 선생이다. 본래 경남 창령 출신이지만 1965년 한일굴욕외교를 접한 직후부터 지금의 천안삼거리공원 맞은 편에 '요산재(樂山齋)'라는 다섯 평 남짓 누옥에서 1989년 병고로 타계하기까지 세상을 등지고 외롭게 민족혼을 되살리기 위해 친일문제 연구에 반평생을 바쳤던 재야사학자이자 문학평론가 임종국 선생. 선생은 세상을 떠나서도 독립기념관이 바라보이는 천안 광덕면 신덕리 천안공원묘원 무학지구에 묻혀서 서슬 퍼런 눈길로 후손을 지켜보고 있다.

임종국 선생은 1966년 〈친일문학론〉 발간 이후
세상을 떠나기까지 23년여 동안
10권 분량의 〈친일파 총서〉를 비롯,
일제치하에서 사라져간 민족의 모습들,
그리고 강제징집과 강제징용,
위안부 등 당시로선 정부로부터
철저히 외면당하던 뼈아픈 친일잔재를
기록하고 글로 남겼다.
사진은 정운현 씨가
임종국 선생의 일생을 담아 펴낸 〈임종국 평전〉.

임종국 선생의 업적을 처음 접한 것은 젊은 시절 <친일문학론>이라는 저서에서였다. 피끓던 젊은 시절, 12년 동안 초중고 국어 교과서에서 배운 우리 문학을 대표하는 많은 문학작품 저자들이 친일행적을 했다는 사실은 충격이 아닐 수 없었다. 우리 말과 글로 민족혼을 기록하고 노래했다고 배워왔던 문인들이 일제의 군국주의에 앞장서 '황국신민'을 주창하고 당시 대한의 청년들을 대동아 전쟁의 일제군인과 징용으로 내모는데 앞장섰다는 사실, 그리고 꽃다운 우리 소녀들을 위안부로 동원하는 일제의 선전선동의 선봉에 섰다는 사실은 분노를 넘어서 언젠가 반드시 바로잡아야 할 일로 가슴에 새겼다.

임종국 선생은 1966년 <친일문학론> 발간 이후 세상을 떠나기까지 23년여 동안 10권 분량의 <친일파 총서>를 비롯, 일제치하에서 사라져간 민족의 모습들, 그리고 강제징집과 강제징용, 위안부 등 당시로선 정부로부터 철저히 외면당하던 뼈아픈 친일 잔재를 기록하고 글로 남겼다.

다행히도 임종국 선생의 값진 유업은 선생이 세상을 떠난 직후 반민족문제연구소(2001년 민족문제연구소로 확대 설립)를 비롯한 민간 차원의 계승사업을 통해 임종국 선생이 세상을 떠난 지 만 20년 만에서야 2009년 <친일인명사전> 발간으로 빛을 보게 되었다.

하지만 안타까운 것은 친일잔재의 청산과 일제에 의한 피해에 대한 우리 정부와 지도층의 무관심과 외면이다. 36년이라는 일제강점기에 비해 불과 10여년이라는 짧은 기간 독일 나찌즈 강점기의 잔재 청산에 신속하고도 엄중했던 유럽 각국의 대응에 비하면 안타까움이 앞설 수밖에 없다.

유럽 각국은 2차세계대전 직후 인구 10만명 당 평균 프랑스 94명, 덴마크 374명, 네덜란드 419명, 벨기에 596명, 노르웨이 633명 등의 나찌 부역자에 대한 정확하고도 신속한 잔재 청산을 완료했다. 그리고 나찌즈의 강제 동원과 징집 등에 대한 피해에 대해서도 외교적으로 당당하고 신속한 피해보상과 함께 자국민의 명예회복에 나섰다. 하지만 우리는 정부수립 직후 반민특위가 친일세력의 공작과 반발에 부딪쳐 해체된 후 50여년이 넘어서야 정부 차원의 관심과 대처가 이루어지기 시작했다.

정부와 국회의 무관심, 어디까지 가려 하는가?

더욱 안타까운 것은 뒤늦은 대처보다 정부와 국회 등 우리 지도층의 미온적인 태도이다. 단적인 예로 2003년 국회 예산결산위원회 예산조정소위원회는 여야 협의로 국회에서 편성했던 친일인명사전 편찬 기초사업인 '일제단체인물연구'에 대한 지원 예산 5억원 전액을 한나라당을 비롯한 정치권의 반대로 삭감하였다. 이렇게 역사의 이면으로 사라질 뻔한 친일인명사전을 구해낸 것은 국민들이었다. '참세상'이라는 네티즌의 제안으로 시작된 국민모금운동은 민족문제연구소와 진보언론의 공동캠페인으로 시작된 지 불과 11일 만에 목표액인 5억 원을 넘겼고, 이후에도 시민들의 모금이 이어져 무려 7억여 원의 편찬기금이 민족문제연구소에 답지했다.

이러한 정부, 국회의 무관심과 외면은 지금까지도 이어지고 있다. 지난 해 2007년부터 여성가족부에서 제3차 여성정책기본계획을 수립, 독립기념관에 세우기로 했던 '(가칭)위안부피해자기념관' 건립사업은 이명박 정부에 의해 2008년 여성정책기본계획에서 아예 제외됐고, 당초 85억 예산이 1/17로 줄면서 사실상 백지화 됐다. 당초 1,650평방미터 규모로 계획되었던 기념관은 165평방미터인 1/10 규모로 축소되었다. 정부에 등록된 위안부 피해자 234명 중 상당수는 이승에서 한을 풀지 못한 채 유명을 달리 했고 현재 생존자는 91명뿐이다.

이러한 이명박 정부의 무관심은 2007년 일제강점하강제동원피해진상규명위원회가 기본계획을 마련해 별도로 추진해온 강제동원역사박물관 건립의 축소로 이어질 것이라는 우려를 낳고 있다.

실제로 오는 3월 24일 만료되는 일제강점하강제동원피해진상규명위원회의 후속대책에 대한 이명박 정부와 여당의 무관심은 이러한 우려를 더 크게 한다.

일제와 친일세력의 선동에 내몰려 강제동원된 한국인들의 대부분은 정부의 무관심 속에서 보상과 명예회복을 외면당해왔다. 1943년경 일제에 의해 강제 징병 후 전쟁터로 끌려가기 직전 덕수궁 앞에서 점심을 먹고 있는 모습. (왼쪽, 경기도청 제공). 일제 당시 강제로 끌려가 고통을 당해야 했던 위안부들의 모습. (오른쪽, 독립기념관 제공)

나는 청와대에 근무하면서 형식적이고 허점투성이의 보훈시책을 현실화하는 정부대책과 제도개선에 밤을 지새웠다. 금산군수 시절과 충남도에 근무하면서는 정부기록 미비로 독립유공을 받지 못하는 어르신들의 증빙자료를 구해 독립유공자로 대접받을 수 있도록 해드리기도 했다. 국회에 등원해서는 지역구인 아산에 보훈회관을 세워 나라를 위해 몸바친 분들과 유족들에게 조금이나마 보답드릴 수 있도록 아산에 예산을 확보해 주기도 했다.

현재 50%의 성과를 중단한 채 해체될 위기의 일제강점하 강제동원피해진상규명위원회의 지속적인 활동을 연장하고 피해지원활동을 상시화하자는 '일제강제동원피해진상조사와 유해봉환 및지원등에관한법률' 제정안을 발의하기도 했다. 지난 해 7월 '국가보훈기본법일부개정법률안'을 발의해서 현재 중앙정부에 집중되어 있는 국가보훈대상자에 대한 예우 및 지원 사업에 대해서 지방자치단체 차원에서도 지방보훈위원회를 설치, 기획·조사·시행 등의 업무를 추진할 수 있도록 확대하고자 노력하고 있기도 하다.

일제잔재 청산과 민족혼을 살리는 보훈정책, 여야가 있어서야...

나는 공직에 있을 때나 강단에 섰을 때나, 또 국회에 등원해서도 한 시도 임종국 선생의 <친일문학론>을 읽던 뜨거운 시간을 잊지 않도록 가슴에 되새기곤 한다. 정부가 나라를 위해 목숨을 바친 분들을 위해, 그리고 조국의 잘못으로 인해 젊음과 목숨을 희생해야 했던 분들에게 무관심하다면 이제 누가 나라를 위해 몸을 던지겠는가?

또한 나는 최소한 친일문제나 일제하 강제동원 피해자에 대한 대책, 나아가 보훈정책을 비롯, 대한민국의 얼과 민족혼을 바로세우기 위한 노력에는 여야도, 당파도 있어서는 안 된다는 소신이다.

우리는 기억한다. 김영삼 정부 시절 시작한 역사 바로 세우기가 왜 반쪽짜리 시책으로 끝나고 말았는가? 김대중 정부 시절 제2 건국 운동이 왜 정부만의 한시적인 캠페인으로 전락하고 말았는가? 정권이 대한민국 모두의 정부이고 역사의 모든 책임감과 사명감을 가져야 한다는 평범한 진리를 무시한 채 정권이기적인 정책을 추진한 때문이 아니던가?

오늘 노무현 정부의 친일잔재 청산과 일제하 강제동원 피해자에 대한 정책이 다시 이명박 정부에 의해 부정당하려 하고 있다. 나는 이명박 정부에게 준엄한 국민과 역사의 이름을 빌어 간곡히 청원하고 싶다. 이명박 정부는 단순히 이명박 정부가 아니라 대한의 민족정통성과 상해임시정부의 90년 역사의 맥을 이어야 할 대한민국 정부요, 대한국인의 혼백이 깃든 정부라는 사실을 잊지 말기를 청원하고 싶다.

오늘도 일본 땅 곳곳, 태평양 열도에서 사할린, 중국, 동남아에 이르는 태평양 전장의 유허에는 103만으로 추정되는 대한민족의 혼백이 떠돌고 있다. 살아서 조국에게 버림받았던 이 분들에게 죽어서라도 대한민국 국민으로서의 자부와 명예를 되찾도록 해드려야 한다.

한일 강제병합 100년이 되는 해 설날, 옷깃을 여미며 문정희 시인이 유관순 열사의 혼백에 바친 시 한 편으로나마 이 분들의 영전에 보은의 마음을 바치고 싶다.

풀꽃 하나가
쓰러지는 세상을 붙들 수 있다.

조그만 솜털 손목으로
어둠에 잠기는 나라를
아주 잠시
아니, 아주 영원히
건져 올릴 수 있다.

풀꽃 하나, 그 목숨 바스라져
어둡고 서러운 가슴에
별로 떴다.

꺼지지 않는 큰 별로
역사에 박혔다.

풀꽃 하나가
쓰러지는 세상을 붙들 수 있다.

– 문정희 시인이 유관순 열사에게 바친
장시(長詩) '아우내의 새' 중 서시(序詩) 전문

임종국 선생 생전 아버지에 대한 일화 하나가 어두운 밤하늘에 별처럼 빛난다. 임종국 선생은 그의 부친 임문호 씨가 선교를 하며 친일행위를 한 사실을 알게 되고, 고민 끝에 부친을 찾아가 물었다고 한다.

"아버님, 친일 문학 관련 책을 쓰는데 아버지가 학병 지원 연설한 사실이 나왔는데, 아버님 이름을 빼고 쓸까요?"

부친 임문호의 대답은 "내 이름도 넣어라. 그 책에서 내 이름이 빠지면 그 책은 죽은 책이다"라고 답했다고 전한다.

올 설에는 오늘도 청청한 소나무를 벗삼아 가슴 서늘한 시선으로 천안 독립기념관과 후손을 지켜보고 계실 임종국 선생의 묘소를 찾아 흰 청매화 한 다발 바쳐야겠다.

영화에서 읽는
지식정보시대의 '스마트 리더십'

최근 3D(3Dimensions · 3차원) 입체영화 '아바타'가 화제다. 1997년 제작, 이듬해 개봉되어 우리나라에서도 선풍적인 인기를 모았던 영화 '타이타닉'이 보유하고 있던 외화의 국내 흥행기록은 물론, 세계 흥행기록도 넘어섰다고 한다.

영화 '아바타'와 '타이타닉' 모두 제임스 카메론(James Cameron) 감독의 영화고, 90년대초 개봉되었던 '터미네이터2' 또한 그가 감독한 영화로 기억된다. '아바타'는 현란한 3D 영상이 주는 경이로움과 실물처럼 펼쳐지는 가상현실이 마치 실제 현실처럼 펼쳐졌고, 미래의 지구를 구하는 '터미네이터2'에 이어 미래 우주의 행성을 구한다. '타이타닉'은 비극적이면서도 아름다운 사랑의 메시지를 전한다.

영화 '아바타'를 보며 '타이타닉'이 떠오른 이유

영화 '타이타닉'은 90년대 후반 IMF 위기로 고통받던 당시 "세상 그 어느 것도 그들 사이를 갈라놓지 못한다.(Nothing on earth, could come between them.)"는 문구와 함께 셀린 디온(Celine Dion)이 부른 "내 마음은 언제나 (당신과) 함께 하고 있다.(My heart will go on)"는 주제곡으로 더욱 많은 관객들의 눈물과 함께 감동을 자아냈다. 주제곡의 제목과 가사를 곰곰 되새겨보면 'go on'은 '먼저 가다, 떠나다, 계속하다'는 일반적 의미보다 '비록 육신은 떠났지만 내 마음 속에 영원히 함께하고 있다'는 'be with'의 의미로 해석하면 가슴이 더 찡해온다.

'타이타닉'이 개봉되었던 98년 당시 우리의 사회적 배경이 IMF 사태로 인해 많은 가정이 파산하고 길거리로 나앉거나 가족이 떨어져 살아야 했던 상황이라 역경 속에서 피어 난 아름다운 사랑에 대한 감동이 더했던 것 같다.

영화 '타이타닉'에서 '타이타닉호'의 침몰은 1998년 IMF의 고통 속에서 국가경제의 침몰이 우리 국민들에게 안겨준 고통을 연상하게 했다.

거대한 자본으로 건조된 세계 최고의 초호화 유람선, 그리고 빙산 충돌의 경고를 무시한 채 전속력으로 질주하던 타이타닉호의 모습 또한 97년 대선을 앞두고 세계적인 경제불황 속에서 외환위기의 경고와 국민은 무시한 채 막대한 불법 대선자금 의혹을 낳으며 정권 창출만을 위해 질주하던 정치권의 모습과도 흡사했다.

이러한 시대적 배경과 함께 1등실 상류 부유층에게 팔려가다시피 약혼해 승선했지만 자살을 기도하는 17세의 소녀 로즈(케이트 윈슬렛 분), 그리고 도박으로 마련한 전 재산을 털어 아메리칸 드림을 안고 미국대륙을 향하는 3등실의 가난한 화가 지망생 아일랜드 청년 잭(레오나르도 디카프리오 분), 이 두 선남선녀의 부와 생사를 초월한 사랑은 IMF 사태의 비극적인 상황과 맞물리면서 우리 관객들에게 더욱 아름다운 감동을 불러일으켰던 듯하다.

'타이타닉' 이 상영된 지 10년이 넘은 오늘, 다시 우리 관객들을 사로잡고 있는 같은 제임스 카메론 감독의 '아바타' 가 상영되는 2010년의 사회적 상황과 영화의 주제는 우연찮게도 '타이타닉' 의 사례와 닮아 있다.

'아바타' 는 영화 속에서 창조된 가상의 세계인 외계행성 판도라가 배경이고, '나비(Na' vi)' 라는 외계인 종족이 주인공으로 등장한다. 이 영화 속의 세계는 순수하게 3D와 컴퓨터그래픽, 특히 기존의 모션 캡쳐 기법을 넘어서 실제인물이 연기하는 표정과 감정의 변화를 얼굴 주름살과 땀구멍까지 가상 3D 속 아바타의 연기로 옮기는 새로운 이모션 캡쳐 기법과 가상카메라까지 개발, 입체영상으로 창조해낸 가상세계이다.

거대자본의 탐욕에 맞서는 소박한 나비 종족의 메시지

2시간 40여분의 제법 긴 상영시간 동안 줄거리는 의외로 단순하다. 미래세계의 거대기업이 미래 지구의 에너지 고갈 문제를 해결하기 위해 판도라 행성에 묻힌 엄청난 고가의 '언놉타늄' 이라는 대체자원을 채굴하기 위해 투입한 용병 제이크 설리(샘 워싱턴 분)가 판도라의 나비 종족 여전사 네이티리와 사랑에 빠지게 되고, 나비 종족의 자연친화적인 삶에 동화되어 거대기업과 첨단무기로 무장한 용병들에 맞서 판도라 행성의 아름다운 자연과 나비 종족을 지켜낸다는 줄거리이다.

지난 해부터 시작된 세계적인 금융위기 속에서 거대자본과 대기업은 회생하고 있지만 서민들의 삶과 위기는 계속되고 있는 오늘날의 사회적 상황은 우리 관객들에게 공감대로 다가온다.

영화 '아바타' 속에서 돈이 없어 장애를 고치지 못하는 주인공, 그리고 욕심 없이 생존에 필요한 만큼만 자연을 빌어 살아가는 소박한 나비 종족의 모습은 오늘 우리 서민들의 모습을 닮아 있다.

'타이타닉'에서는 비극적인 사랑으로 관객의 심금을 울리지만, '아바타'에서는 탐욕스러운 거대기업과 용병에 맞서 판도라 행성의 자연을 지켜내고 장애 극복의 꿈과 사랑을 이루면서 판도라의 자연 속으로 귀의한다는 해피앤딩으로 관객들을 즐겁게 한다.

화제의 영화 '아바타'는 현실보다 더 생동감 넘치는 가상현실의 모습과 함께 우리 현실 속의 거대자본과 권력의 횡포를 떠올리게 한다. 사진은 나비(Na' vi)로 변한 제이크 설리와 네이티리. 두 주인공의 사랑은 거대자본의 탐욕에 맞서 판도라 행성의 자연을 구한다.

오늘 우리 현실은 어떤가? 말로는 녹색성장을 내세우지만 국회에서 예산조차 통과되기 않은 상황에서 이명박 정부가 밀어 부치고 있는 4대강 사업은 우리 환경에 어떤 영향을 미칠 지 미지수라는 비판이 높다.

또한 녹색성장과 이산화탄소 저감 정책의 이면에 단기 경기부양 일변도와 토목건설사업 중심의 경제성장이라는 반환경적인 요인에 대한 비판도 지속적으로 제기되고 있다.

세종시 수정안에서 여실히 드러나고 있는 대기업 중심의 특혜와 경제주의적 발상은 또 어떤가? 녹색이라는 이름에 구시대적 개발주도 성장의 칼날이 숨겨져 있고, 경제성장으로 포장된 이면에는 서민경제는 외면한 채 대기업과 거대 금융자본 위주의 성장정책이 숨겨져 있다는 비판이 높다.

영화 '아바타' 에서는 나비 종족의 단합된 힘과 신비한 자연의 신 '에이와' 의 도움으로 탐욕스러운 거대기업과 용병들의 폭력으로부터 외계행성 판도라의 자연을 지켜낸다. 이러한 상징성은 관객들에게 우리 현실 속의 모순과 부조리를 자연스레 떠올리게 한다.

'아바타' 의 상징성과 '에브넷', '노마드' 시대의 의미

영화 '아바타' 를 보면서 '에브넷' 과 '노마드' 라는 두 가지 새로운 트렌드가 떠오른 것은 우연이 아니다.

세계화와 지방화가 가속화되면서 지구촌이 하나의 정보화 네트워크로 묶여가는 시대. 그리고 웹 2.0의 지속적인 진화 속에서 세컨드라이프닷컴과도 같은 가상현실 세계가 일상 속에서 실현되고, 집단지성(Collective Intelligence)으로 대표되는 지식정보화 사회가 빠른 속도로 확장되면서 직접민주주의와 '스마트 몹' 과도 같은 똑똑한 시민이 정치참여를 확대해 나아가는 디지털 미디어 시대.

이러한 새로운 지식정보사회의 새로운 네트워크 세계를 에브넷이라 부르기도 한다. 에브넷이라는 개념은 가상현실과 디지털미디어 시대의 특징인 언제나(When-ever), 어디서나(Wherever), 누구나(Whoever), 무엇이나(Whatever) 네트워크에서 소통한다는 의미의 공통 영문자 'ever' 를 따서 만든 개념이다. 에브넷의 새로운 세계에서는 '사람 대 사람', '사람 대 사물', '사물 대 사물' 과 같은 상호간의 교류로 자유로운 세상을 지향하는 것을 의미한다.

에브넷에서는 자신의 분신인 아바타를 통해 사이버 공간에서 현실과 똑같은 가상체험이 가능해진다. 동적인 가상공간에서 다양한 계획의 구현이 가능하고, 현실공간이 어떻게 변할 것인가를 예측할 수 있으며 가상공간에서 창출된 결과를 현실 세계에 구현할 수 있다.

즉 에브넷은 요즘 흔히 유비쿼터스(Ubiquitous)라 불리는 새로운 공간을 의미하는데, 시간과 장소에 구애받지 않고 언제나 정보통신망에 접속하여 다양한 정보통신서비스를 활용할 수 있는 환경을 의미한다. 또한 여러 기기나 사물에 컴퓨터와 정보통신기술을 통합하여 언제, 어디서나 사용자와 커뮤니케이션할 수 있도록 해 주는 환경을 말한다.

우리 주변에 실현되고 있는 예로는 유비쿼터스의 세계, 즉 U-홈(home), U-건강진료(health care), U-캠퍼스(campus), U-교육(education), U-로봇(robot), U-시티(city) 등을 들 수 있다. 조만간 영화 '아바타'의 주인공처럼 우리들도 사이버 도시에서 사이버 시민으로 살아갈 날도 그리 멀지 않았다는 생각도 든다.

이러한 에브넷이나 유비쿼터스 세계는 단순한 물리적 환경의 변화만을 초래하지는 않는다. 에브넷이나 유비쿼터스로 소통하고 세계화, 지방화, 정보화 등의 트렌드가 보편화되는 시대에 '호모 노마드'라는 키워드가 주목을 받고 있다.

현존하는 프랑스 최고의 석학으로 평가받는 자크 아탈리(Jacgues Attali)는 600만년 인류 문명사를 유목민, 즉 '노마드(Nomad)'의 개념을 중심으로 기술하면서 '호모 사피엔스,' 즉 생각하고 창조하는 인류의 개념을 결합, '호모 노마드'라는 주제를 중심으로 지구촌 시대와 지식정보시대 새로운 인류의 미래를 설명한다.

'호모 노마드'란 디지털 문명 속에서 하나로 묶여가는 지구촌 환경에서 공간적인 이동뿐만 아니라 특정한 삶의 방식에 매달리지 않고 끊임없이 자신을 바꾸어가며 창조적인 행위를 통해 살아가는 현대인들의 새로운 생존방식, 나아가 새로운 생존전략을 의미하게 되었다.

에브넷으로 통용되는 사이버 공간을 통해 지구촌 곳곳을 유랑하며 새로운 문명과 지식을 확산시키는 '호모 노마드'의 시대, 바로 우리가 살고 있는 시대이다. 오늘 우리 대한민국 또한 '호모 노마드' 시대를 경험하면서 살고 있다.

이명박 정권 초기 '수입 소고기 사태'는 우리 현실 속에서도 국민이 직접 참여하면서 정치와 정부의 정책에 맞서는 '똑똑한 군중', 즉 '스마트 몹'과 '호모 노마드' 현상의 도래를 예견하게 한다.

인터넷 네트워크에서 시작된 '붉은 악마'가 전국 곳곳의 광장으로 순식간에 모여 월드컵 4강 신화와 더불어 디지털 한국을 전 세계에 과시한 것이 벌써 9년 전이다. 때로 촛불시위로 정치적 의사를 표현하면서 정국을 뒤흔들기도 하는 이른바 '스마트 몹(Smart mobs)', 즉 '스스로 판단하고 행동하는 똑똑한 시민'이 직접 참여하면서 정치세력화하여 기존의 대의민주주의를 뒤흔드는 사회가 바로 '호모 노마드'의 시대다.

우리는 직접 국민이 거리로 나서 정국을 뒤흔든 2004년 총선 당시 '탄핵 정국'의 소용돌이를 경험했고, 이명박 정권 초기 '수입 소고기 사태' 또한 '호모 노마드'의 정치적 힘을 우리 현실 속에서 경험한 사례였다.

'노마드', 그리고 칭기스칸의 통합의 리더십

이러한 '호모 노마드'라는 디지털 시대의 '신유목민'을 바라보면서 몽골의 칭기스칸이 떠오른다. 나는 유목민의 고장 몽골을 두 번 찾은 적이 있다. 몽고반점으로 우리 민족과 인류사적으로 한 줄기의 북방 유목민족 몽골이다. 한 때 광활한 유라시아를 지배했던 몽골, 고려시대 한반도에서부터 유럽대륙까지 정복했던 몽골의 지배력을 정보력과 기동력에서 힘입었다고 사가들은 평가한다. 하지만 정보력과 기동력 외에 숨은 힘이 바로 통합의 힘이다.

우리에게 칭기스칸으로 알려진 테무진은 12살 때 먹을 것을 빼앗고 동생들을 괴롭히던 이복형을 활로 쏘아 죽인다. 그리고 어머니에게 말한다.

“앞으로 저는 편을 가르는 사람이 있으면 어머니도 죽일 것이고 내 자식도 죽일 것이고 내 동생도 죽일 것입니다.”

이러한 테무진의 통치철학은 오갈 데 없는 천민, 남편을 잃은 미망인과 부모를 잃은 고아들, 그리고 보다 나은 내일을 꿈꾸는 모든 몽골인이 모여들게 했고, 1206년 오논 강변에서 제국을 선포하게 된다. 이 때 테무진의 나이는 44살이었고, ‘포용력이 넓고 대지와도 같으며 가장 강한’ 등 다양한 의미를 담은 ‘세계에서 가장 위대한 황제’ 칭기스칸이 탄생한다. 칭기스칸의 휘하에는 수부타이라는 장군이 있었다. 수부타이는 몽고의 4만 기마병을 이끌고 수백만에 이르는 유럽 군대를 차례로 굴복시킨다.

나는 몽골을 찾아 광활한 몽골 벌판을 바라보았다. 그리고 800여년 전 세계를 달리며 정복과 세계화의 역사를 써내려갔던 칭기스칸과 수부타이의 시대를 회상했다. 그들은 파괴와 약탈만 한 것이 아니었다. 동서양의 문명과 과학이 그들을 통해 오갔고 오리엔트 문명과 헬레니즘 문명, 그리고 헤브라이즘 문명이 만나고 그 성과물을 공유하게 되었다.

오늘 우리의 ‘호모 노마드’ 시대도 마찬가지이다. 사이버 유목민들은 광활한 지구촌 곳곳을 누빈다. 그리고 하루가 다르게 지식과 과학, 문화와 문명을 실어 나르며 새로운 문명을 창조해낸다. 그리고 정치적 지형까지도 송두리째 뒤집어 엎기도 한다.

이러한 새로운 '스마트 몹', 그리고 '호모 노마드'와 같은 세력이 대두될수록 정부의 국민설득과 국민통합에 대한 관심과 노력의 중요성이 높아질 수밖에 없다. 나는 영화 '타이타닉'을 보면서 98년 IMF의 비극적인 현실을 떠올렸듯이, '영화 '아바타'를 보면서 거대자본과 권력, 그리고 이들이 고용한 용병의 폭력을 바라보면서 오늘날 이명박 정부가 추진하는 세종시 수정안에 맞서 이 추운 겨울 길거리로 나서고 있는 연기군민의 모습, 그리고 지역을 넘어 지방민들이 연대해서 거리로 나서는 모습이 떠올랐다.

그리고 바로 우리 눈 앞에 '스마트 몹', 그리고 '호모 노마드'와 같은 민의의 결집과 정치적 힘이 우리 현실 속에서 커지지 않나 생각하게 된다.

시민권력 시대의 'Just-in-Time Policy'적시정책

영화 '아바타'가 상징하는 디지털 문명의 시대에 네트워크를 통해 자율적이면서도 능동적으로 참여하고 행동하는 지식정보 시대의 군중을 '호모 노마드'와 유사한 차원에서 '스마트 몹(Smart mobs)'이라 부르는 이유가 있다. 미국의 테크놀로지 학자 H.라인골드는 처음 사용한 '스마트 몹(Smart mobs)'이라는 개념을 언급하면서, 이들을 PDA · 휴대폰 · 메신저 · 인터넷 · 이메일 등 첨단 정보통신기술로 무장한 '똑똑한 군중(Smart mobs)'으로 규정하고, 이들이 미래를 바꾸는 핵심세력으로 등장할 것을 예견하고 있다.

2008년 11월 돈 탭스콧(Don Tapscott)은 〈디지털 성인 ; 네티즌이 바꾸는 우리의 세상(Grown Up Digital ; How the Net Generation is changing Your World)〉이라는 저서에서 네티즌이 직접 참여하는 민주정치가 대의민주정치의 종언을 고하게 하고 시민공무원(Public officials)이 웹 기반의 정보활동으로 다양한 발의와 참정으로 이끌어가는 신직접민주주의를 예고하고 있다. 유엔미래포럼을 비롯한 선진 각국은 이러한 내용의 미래보고서와 함께 정부와 정책의 패러다임 전환을 준비하고 있다.

직접민주주의 중심으로 떠오르는 '똑똑한 국민'

따라서 시민들이 직접민주주의의 요소인 국민투표제도, 국민소환제도, 국민발안제도 등으로 국가와 지방정부의 의사와 정책결정에 직접 참여하는 새로운 민주정치 시대, 즉 모든 국민이 사이버 공간을 통해 국가의사결정에 참여하고 국정을 논의하거나 투표를 통해 의결하는 시대가 예견되고 있다.

수만명의 공무원이 담당하는 국가 경영에 대해 소수의 국회의원이나 대의 정치가들이 부분적으로 밖에 알 수 없었던 사안들은 '집단지성(Collective Intelligence)'을 통해 전문가들이 참여하는 웹사이트에 끊임없이 전문 정보와 국정사안들이 업데이트되어 공유하게 되고 대의민주정치보다 우월한 디지털 시대의 새로운 직접민주정치가 가능해진다는 것이다.

'나보다 우리가 더 똑똑하다.(We are smarter than Me)' 라는

집단지성은 이미 '위키피디아'를 비롯, 우리 눈앞에 현실화되고 있고, 교육분야에서 유엔, 미국, 중국 등은 세계 유명 대학과 유수한 학자들이 참여하여 끊임없이 새로운 교육 컨텐츠를 생산하고 공급하는 집단지성을 구축, 상용화 단계에 이르고 있다.

왼쪽부터 '스마트 몹' 시대를 예견한 돈 탭스콧의 〈디지털 네이티브〉, '집단지성'을 소개하고 있는 찰스 리드비터의 〈집단지성이란 무엇인가〉, '호모 노마드'의 개념으로 인류문명사를 기술한 자끄 아딸리의 〈호모 노마드, 유목하는 인간〉.

나는 우리 정치현실에도 이러한 디지털 시대의 새로운 리더십이 필요하다는 소신이다. 2012년 대통령 선거에서부터는 세계 각지의 한국 국적을 가진 재외국민들의 투표참여가 예고되고 있다. 또한 최근 자율건의로 시작된 시군구 통합과도 같은 정책

사안에서도 주민투표와 같은 직접민주주의 요소가 확대될 것이다.

이러한 새로운 직접민주정치체제는 시민 모두가 참여하고 논의하며 정책을 결정하고 참여하는 새로운 리더십의 시대를 열 것으로 예측된다. 나아가 사회경제 분야에서의 변화는 더욱 가속화될 것으로 보이고, '호모 노마드'나 '스마트 몹'의 활동은 거대기업과 다국적 자본 중심으로 구축되어온 세계경제체제의 지형을 변화시킬 것으로 보인다.

"국가권력을 대신할 시민권력의 시대가 온다"

1970년대 이미 정보화시대의 도래와 변화를 예견했던 앨빈 토플러는 최근 〈부의 미래(Revolutionary wealth)〉에서 부의 공간적 이동이 중국을 중심으로 한 아시아에서 꽃필 것으로 예견하고 있다. 앨빈 토플러는 문명적 관점에서 아시아에서 유럽으로, 다시 미국으로 넘어갔던 부의 흐름이 지식혁명이라는 제3의 물결과 함께 중국을 중심으로 한 아시아로 움직이고 있다고 말한다.

이러한 앨빈 토플러의 예견은 채 4년도 안 돼 세계경제의 중심을 G2, 즉 미국과 중국의 영향력을 중심으로 이해하고 대응하려는 세계경제사적 조류로 나타나고 있다.

유엔미래포럼은 2015년 지구촌의 위기가 현실화될 것으로 예측하고 있다. 오늘날 G7과 같은 선진국들이 인구감소를 비롯, 국력이 약화되면서 아시아로 세계의 권력이 넘어오게 되고, 선진국의 저출산 고령화가 급속히 진행되며 제조업이 소멸하면서 나노 생산공정을 비롯한 첨단산업시스템이 도입될 것으로 보고 있다. 또한 웹2.0 등 다양한 3D가 생활 속에서 실현되고 현실보다는 사이버 세상에서 사는 사람들이 많아지며, '스마트 몹', 즉 똑똑한 군중이 국제기구나 정부의 지배력에 맞서 직접참여와 결집으로 정책을 좌우하는 시대가 도래한다는 것이다.

실제로 영국민의 영국정부에 대한 신뢰도가 2차대전 후에 80%였다가 2008년에는 30% 이하로 떨어졌다. 정치 지도자와 정부 정책의 동기가 진정성을 의심받고 있는 것이다. 정부의 실행능력과 신뢰도 또한 국민의 지지를 얻지 못하게 되고 정부와 정당의 지도부는 국민으로부터 존경을 잃게 된다.

영국정부는 이미 2020보고서에서 민주주의의 산실로 본받아왔던 영국 대의민주주의가 200년의 수명을 뒤로 하고 2020년대에는 신직접민주주의로 이행할 것으로 예측하고 있다.

2008년 초 다보스포럼에서 발표된 미래보고서 〈퓨처 매핑 2030〉에서도 이러한 예측은 유사하다. 2007년 말 현재 기업의 권력이 14.3%, 국가의 권력이 69.3%이지만 2030년이면 기업의 힘이

85.7%, 국가권력은 30.7%로 감소한다고 예측하고 있다.

또한 정부의 힘에 대비한 국민 개개인의 권력은 2007년 말 현재 16.8%지만 2030년에는 83.2%, 온라인 네트워크 그룹의 힘은 현재 18.1%에서 81.9%, 비정부기구단체(NGO)의 힘은 현재 39.4%에서 60.6% 등 가히 혁명적으로 증대될 것으로 예측하고 있다. 결국 2030년을 전후한 미래에는 기업, 개인, NGO 등이 30.7%의 영향력을 갖는 국가보다 훨씬 큰 힘을 갖게 되기 때문에 정부는 국민설득과 국민통합에 주력해야만 국가운영을 유지할 수 있다는 대안을 제시하고 있다.

지식정보시대는 국민통합, 국민설득의 시대

이러한 시대에 가장 중요한 정부와 정치적 리더십의 과제는 국민설득과 국민통합이다. 세계 각국은 이미 국민설득을 위한 국민통합(National Integration) 부처를 만들고 있다. 국민통합 없이는 국가발전도, 경제성장도 없다는 위기의식 때문이다.

호주는 정부부처로 사회통합부를 만들었고, 스웨덴, 벨기에, 노르웨이, 브라질, 이탈리아, 덴마크, 프랑스, 인도, 인도네시아, 파키스탄, 나이지리아, 케냐, 루마니아, 바바도스, 스리랑카 등 20여개국 정부에서는 국민통합부처가 신설 운영되고 있다. 주목할 것은 이들 국가들 대부분이 최근 가장 주목할 만한 성장을 보이며 세계경제의 주목을 받고 있다는 사실이다.

1997년 국가부도를 선언했던 브라질은 룰라 대통령의 국민통합 정책을 바탕으로 세계 5위권의 경제대국으로 성장하고 있고, 인도네시아 또한 유도요노 대통령의 국민통합 리더십을 바탕으로 세계 경제성장률 4위를 기록하면서 러시아를 제치고 신흥 경제대국 그룹인 BRICS 편입이 논의될 정도로 비약적인 성장을 하고 있다. 인도 또한 국민통합의 기조 위에 정치적 안정과 친시장적 경제개혁, 외국인 투자 등을 효과적으로 추진, 세계 각국이 금융위기로 마이너스 성장을 기록하는 상황에서도 2009년 GDP 증가율 5.4%를 기록하며 세계경제 위기를 가장 빠르게 이겨낸 국가로 주목받고 있다. 이렇게 세계는 국민설득과 국민통합을 향해 나아가고 있고, 국민통합에 성공하는 국가들이 세계경제의 주역으로 부상하고 있다.

그러나 우리는 어떤가? 이명박 정부는 세종시 수정안에 집착하면서 국론분열과 지역분열의 길을 자초하고 있다. 이미 인수위 시절, 영어몰입정책이 국민적 반대에 부딪쳐 좌초했고, 정권 초기 쇠고기 수입 또한 '스마트 몹'과 같은 범국민적 비판여론에 부딪쳐 국력을 낭비한 선례를 경험했으면서도 세종시, 4대강사업 등과 같은 정책들로 국민통합과는 정반대의 길을 가고 있지않나 우려되는 현실이다.

'스마트 몹', 그리고 '호모 노마드' 시대의 국민설득과 국민통합에 발맞춘 최선의 정책은 '적시정책(Just-in-Time Policy)'이다. 국민과의 능동적인 대화를 통해 국민이 원하는 것을 실시간으로 파악, 정책화하여 국민에게 제공하는 것이 새로운 노마드 시대, 그리고 에브넷 시대의 정책방향이어야 한다.

'스마트 몹' 의 시대의 리더십, 그리고 '호모 노마드' 의 리더십이 필요한 이유가 여기에 있다.

우리는 몽골반점이라는 유전자가 입증하듯 북방 기마민족의 유전자를 가지고 있다. 이러한 유목민의 전통 속에서 북방을 호령했던 대고구려의 전통, 그리고 동북아 해상을 장악했던 장보고의 전통을 가질 수 있었다.

이제 국민 스스로 판단하고, 스스로 참여하여 정치의 효율성을 높이고, 지식경제를 통해 부를 창출하는 새로운 대한중흥의 시대를 준비해야 한다. 그리고 그 관건은 진정 국민의 요구를 겸허하게 수렴하고 국민통합을 최우선으로 추진하는 정치적 리더십과, 지식경제시대의 경쟁력인 '호모 노마드' 의 리더십에 있다고 믿는다.

'아바타' 로 상징되는 3차원 지식정보시대의 리더십

이러한 국민통합과 국민설득의 중요성이 높아지는 시대에 영화 '아바타' 는 우리에게 새로운 깨달음을 던져 준다. 아바타(Avatar)의 어원을 찾아보면 산스크리트어 '아바따라(Avataara)' 에서 유래한 말로 '지상에 내려온 신의 화신' 을 뜻한다. 또한 산스크리트어로 '신의 섭리를 깨달아 뜻대로 사는 자' 를 의미하기도 한다. '스마트 몹' 이나 '호모 노마드' 와 일맥상통하는 의미이다.

이제 스스로 깨닫고 스스로의 권익을 찾아 참여하는 직접민주주의가 눈앞에 다가와 있다. 이렇게 스스로 판단하고 행동하는 국민 앞에 정치는 진심으로 소통하고 정책을 추진하는 새로운 리더십을 가져야 한다. 영화 '아바타' 를 보면서 정치인의 한 사람으로서 얻은 깨달음이자 반성이다.

나아가 800여년 전 민족통합의 힘을 바탕으로 세계를 통일했고 새로운 세계문명 교류의 기원을 이룩했던 칭기스칸의 교훈을 함께 가슴에 새긴다. 오늘 우리가 집중해야 할 문제는 세종시나 4대강이 아니다. 만약 이명박 정부가 국민통합의 대의를 거스르고 국민분열과 정권이기적인 국정운영을 고집한다면 '타이타닉' 처럼 좌초할 수도 있음을 경고하고 싶다.

아울러 하루빨리 진정한 국민통합의 길로 나서주기를 간절히 바라는 마음이다.

제임스 카메론 감독의 영화 '아바타' 그리고 '타이타닉'의 인기가 오늘 우리에게 던져주는 하나의 메시지는 거대자본이나 이와 결탁한 권력의 모습이 아닌 서민과 보통사람들의 모습을 한 진정한 '사랑' 그리고 믿음을 지켜가는 '스마트 몹'과 '호모 노마드' 시대의 리더십이 아닌가 생각하게 된다.

다음세대에 물려주고 싶은 '푸른 대한'大韓

3월이다. 부모님 손을 잡고 첫 학교길을 나서는 우리 아이들, 그리고 새 학기 새로운 마음으로 새 벗들과 선생님을 만나고 새로운 공부와 새 세상을 향해 나아가는 우리 다음 세대의 모습들.

우리가 초등학교에 입학할 때의 별칭은 코흘리개였다. 그래서였는지 가슴엔 손수건에 옷핀을 꽂아 달고서는 부모님 손을 잡고 첫 등교길을 나섰다. 자라면서 상급생이 되어서는 새 학기를 맞으면 학교 앞에서는 병아리를 팔았고, 우리는 '병아리 경제'의 꿈을 가꾸기도 했다.

"병아리를 암탉으로 키워서 알을 낳고, 달걀을 팔아 토끼를 사고 토끼를 길러 새끼를 낳고···" 하지만 대부분의 병아리들은 감별된 숫병아리들이라 벼슬이 돋을 즈음이면 이를 알고 얄팍한 상혼에 대한 실망감으로 씁쓸해하기도 했다.

나는 새 학기면 교복을 단정하게 빨아 다림질해주시고, 운동화며 가방까지 말끔히 세탁해서 새 날 학교 길을 준비해주시던 할머님의 손길을 생각한다. 그리고 이제 내가 우리 아이들에게 물려주어야 할 것이 무엇인지를 생각한다.

3.1절 새 학기에 생각하는 다음세대를 향한 소망

우리의 새 학기는 늘 3.1절과 함께 시작한다. 3.1절이면 수많은 우리 순국 열사들이 떠오른다. 그 중 한 분이신 만해 한용운 선생. 나는 충남도에 근무하면서 한용운 선생의 생가 복원에 미력하나마 힘을 보탰고, 홍성 근처를 지날 때면 한용운 선생의 업적을 되새기곤 한다.

나는 지난 2004년 25년 공직을 정리하는 첫 에세이집을 펴내면서 내 삶의 전환기에 대한 고민을 담은 적이 있다. 화두는 만해 한용운 선생의 '당신을 보았습니다' 였다.

> "영원의 사랑을 받을까, 인간역사의 첫 페이지에 잉크 칠을 할까, 술을 마실까 망설일 때에 당신을 보았습니다."
>
> – 한용운, 〈당신을 보았습니다〉 중에서

일제치하에서 지식인이자 민족지도자로서의 한용운 선생의 절대절명의 고뇌를 엿볼 수 있는 시 구절이다. '영원의 사랑' 은 불교에 귀의함을 의미했을 것이요, '인간역사의 첫페이지에 잉크 칠' 은 혁명을 의미했을 것이며, '술' 은 동양의 시선 이태백이나

서양의 디오니소스의 상징에서 보듯, 감성적인 시인으로서의 길을 의미했을 것이다.

충남 홍성군 결성면 성곡리에 있는 만해 한용운 선생의 생가 전경. 충남도에 근무하면서나 그 이후에도 한용운 선생의 유적뿐만 아니라 정신을 계승하는 데에도 소홀히 해서는 안된다는 소신을 실천에 옮기고자 노력하고 있다.

만해 한용운 선생은 이 세 가지 길을 모두 이루어 우리 민족사에 위대한 업적을 남기셨다. 친일 소승불교가 판을 치던 일제치하에서 대승불교의 맥을 잇는 '불교유신론'으로 민족불교의 정기를 바로 세웠고, 세계 역사에 기록된 3.1운동을 비롯 민족운동을 주도함으로써 민족 역사의 새로운 페이지를 기록했으며, 그 정신과 정화를 담은 수많은 시로 오늘 우리 문학사를 풍요롭게 만드셨다.

내 자신이 한용운 선생과도 같은 위대한 인생을 고민한 것은 아니다. 하지만 25년 공직을 떠나면서 나 또한 약관 시절로 돌아가 내 삶의 길을 다시 고민했다. 글을 쓰면서 대학강단에서 후배들과 책 속에 파묻혀 살아갈까, 내 어린 시절 나를 보살펴주셨던 어르신들에게 보답해 드리는 봉사의 삶을 살아갈까, 아니면 공직의 연장선상에서 국민을 위해 일하는 정치의 길을 가야 할까?

나는 결국 정치인의 길을 택했고 오늘 부족하나마 아산과 충청, 그리고 국민의 권익을 대변하려고 노력하는 삶의 길을 가고 있다. 나는 올바른 정치인의 길이 무엇인지 끊임없이 내게 묻는다.

'정즉정야(政卽正也)' 라는 논어의 가르침처럼 바른 모범을 보이는 것이 정치라는 다짐, 그리고 '근민(勤民)' 과 '직정(直正)' 을 선비의 도리로 여겼던 선인들의 가르침을 부단히 가슴 깊이 새긴다.

다음 세대를 생각하는 진정한 정치의 길

선택과 기로의 순간마다 "오늘 나는 진실과 거짓 중 어느 하나여야 한다" 는 루시어스 Q. 라마의 금언을 가슴에 새기며 진실의 길을 가고자 노력한다. 무엇보다 가장 큰 깨우침으로 간직하고 있는 비전은 바로 다음세대를 향한 진실이다. 19세기 미국의 정치개혁

론자이자 신학자였던 제임스 클라크는 "정략가는 다음 선거를 생각하지만, 올바른 정치가는 다음 세대를 생각한다"라는 말을 남겼다. 나 또한 정치인으로서의 가장 큰 사명감의 기준을 다음 세대라는 가치로 삼고 있다.

우리 인류역사에 가장 영향을 미친 인물이 누구인가를 생각할 때가 있다. 그리고 그 중 한 사람으로 칭기스칸을 꼽는다. 1995년 워싱턴포스트는 2000년, 즉 새 천년의 세기를 얘기하면서 '우리에게 지난 천년 동안 누가 가장 중요한 영향을 끼쳤는가?' 라는 기획을 했다. 예상했던 답은 컬럼부스였지만, 결과는 칭기스칸으로 나왔다.

컬럼부스는 200년 전 마르코 폴로의 동방견문록을 보고 아메리카를 발견했고, 마르코 폴로의 동방견문록은 각기 독자적으로 문명권을 형성했던 세계 3대 문명의 벽을 무너뜨리고 세계를 하나의 문명권으로 열었던 칭기스칸에게서 비롯됐다는 이유에서였다. 사실 오늘날 국경을 무너뜨리고 지구촌을 하나로 묶고 있는 '세계화' 의 모델을 이룬 것이 칭기스칸이라는데 동의한다.

여기서 한 가지 주목할 것이 있다. 바로 그 위대했던 몽골 칭기스칸의 후예들이 왜 몰락했는가이다. 역사가들은 유목민의 정신을 잃고 말에서 내려 비단 옷을 입기 시작하고 성을 쌓고 지키기 시작하면서 몽골 유목민은 몰락하기 시작했다고 기록하고 있다.

나는 우리 다음세대만큼은 영원한 유목민의 개척정신으로 광야로 나아가 홀로 서는 강한 세대이기를 바란다. 그리하여 북방기마민족의 전통을 계승하면서 세계로 나아가 끊임없이 새로운 미래를 열어가면서 세계 속의 대한중흥을 이루는 세대이기를 꿈꾼다. 나는 역사 속에서 새로운 역사는 홀로 설 수 있는 자에 의해서 개척된다는 교훈을 우리 다음 세대에게 물려주고 싶다. 그래야만 '노마드'로 상징되는 지식정보의 유목민 시대의 경쟁력인 변화와 창조로 도전하면서 지구촌을 누빌 수 있다는 믿음 때문이다.

이제 다시 새 봄 새 학기를 맞아 새 벗, 새 선생님과 함께 새로운 첫걸음을 내딛는 우리 아이들을 생각한다. 그리고 우리 다음 세대만큼은 정말 평등하고 자유로운 세상을 향해 비상할 수 있기를 소망하는 마음으로 내가 지금 반드시 해야 할 일들을 되새긴다.

"동방의 등불을 밝히는 대한국인이 되어라"

지식정보시대, '똑똑한 시민(Smart citizen)'으로 끊임없는 변화와 창조로 '노마드 시대'를 이끌어 갈 주역인 우리 다음 세대에게 꼭 남겨주고 싶은 것이 있다. 특히 우리 다음세대에게 경쟁이 아름다운 세상을 물려주고 싶다.

우리 학부모들은 우리 아이들을 어떤 학원에 보내야 할까를 고민하면서 새 학기를 시작한다. 농촌지역 학생들은 사교육에서 소외되고, 오로지 지방에 산다는 이유 하나만으로 경쟁에서 뒤쳐진다. 계층간의 소외와 격차는 더욱 심각하다. 빈부 격차로 인해 학벌이 대물림된다는 비판이 현실인 세상이다. 헌법에 명시된 교육기회의 평등은 공허한 구호일 뿐이고, 우리 아이들은 불평등한 교육환경 속에서 늦은 밤까지 불공정한 경쟁에 내몰리는 현실이다.

경쟁이 아름다운 다음세대의 세계를 꿈꾸며

지난 해 초 EBS는 'AGON 경쟁이 즐거운 나라' 라는 프로그램을 방영한 적이 있다. '아곤(agon)' 은 본래 그리스어에서 희곡 중에서 등장인물의 갈등을 의미하는 용어이다. 최초 문학비평에서는 선배 시인과 후배 시인 사이에 계승과 창조의 사이에서 일어나는 긍정적 의미의 갈등을 의미하는 개념으로 쓰였다.

EBS에서는 우리나라 국가경쟁력 성장을 목표로 작성된 KDI의 보고서를 토대로 세계 각국의 앞선 기업과 지방정부, 사회단체 등을 찾아 다큐멘터리 형식의 영상물로 제작해서 방영했다.

이 프로그램에서는 국가 경쟁력의 기본 원리로 '인간과 통섭' , '네트워크' 이 두 가지를 제시하고 국가경쟁력의 원천을 5개의 키워드로 제시한다. 기업, 인재, 문화, 신뢰, 거버먼트를 넘어서는 거버넌스 등이 바로 5가지이다. 전적으로 공감한다.

우리 아이들이 '노마드' 로 상징되는 통섭과 네트워크의 평등한 환경 속에서 스스로 경영하고 창조하는 인재로 자라나기를 소망한다. 그리하여 자신의 능력을 발휘하면서 지구촌을 누비는 기업과 정부조직, 또는 조국과 지구촌을 위해 봉사하는 기구와 단체에서 열정과 꿈을 펼쳐가기를 기원한다.

나아가 우리시대의 부끄러운 갈등과 불신의 벽을 헐어내고 신뢰와 더불어 가꾸는 문화가 충만한 사회에서, '똑똑한 시민(Smart Citizen)'의 주역으로서 권위와 위로부터의 일방적인 '거버먼트'를 스스로 참여하여 이웃들과 함께 평등과 상생으로 변화시키는 '거버넌스'의 시대를 열어가기를 간절히 꿈꾼다.

나는 우리 다음세대가 이러한 세상을 창조하기 위해서는 우리 세대가, 가까이는 나 스스로가 무엇을 어떻게 해야 할 지를 고민하고 실천하고자 한다. 나는 하늘의 축복과 보살핌이 우리 다음세대에게 늘 함께 하기를 기도한다. 기독교의 하나님이어도 좋고, 단군의 홍익세상이어도 좋다. 우리가 믿는 신의 가호가 함께 하기를 기원한다. 그리하여 홀로 서서 세상을 바라보고 세계를 향해 나아가며 스스로의 소망을 이룰 수 있기를 기원한다.

스스로 홀로선 힘으로 벗들과 이웃들을 위해 일할 수 있고, 또는 스스로 힘들 때는 벗들과 이웃의 도움과 손길을 감사하고 겸허하게 받아들일 수 있기를, 그리하여 늘 굽히지 않는 청년정신으로 더불어 사는 세상을 만들어 나갈 수 있기를 기도한다. 올바른 삶, 진실된 삶으로 편협되지 않은 진리를 깨우쳐가면서 용기있는 삶을 살아가기를 기도한다. 늘 부지런한 손과 발로 가정과 사회를 건강하게 가꾸며, 설혹 격동의 풍파가 몰아치더라도 즐거이 맞서 새로운 변화를 창조해 나아가기를, 그리하여 또한 스스로 저마다의 자손들에게 늘푸른 청년정신을 물려주고 가르칠 수 있기를 기도한다.

지구촌에 '동방의 등불'을 밝히는 대한국인을 소망하며

3.1절과 함께 새 학기를 시작한 우리 아이들에게 80여년 전 3.1운동의 정신을 기리며 대한국민에게 전한 인도의 시성 타고르의 시 한 편을 소리내어 함께 읽고 싶다.

「빛나든亞細亞燈燭 켜지는날엔東方의빛」

◇東亞日報紙上을通하야◇

타翁이朝鮮에付託

朝鮮에付託

일즉이亞細亞의 黃金時期에
빛나든燈燭의 하나인朝鮮
그燈불한번다시 켜지는날에
너는東方의밝은 비치되리라

一九二九、三、二八 라빈드라낫、타꼬아

1929년 4월 2일 동아일보에 게재된 인도의 시성 타고르의 시 '동방의 등불'. 세계 만방에 떨친 3.1운동의 정신을 기리며 동아일보에 보낸 시를 주요한 시인이 번역하여 게재했다.

일찍이 아시아의 황금시기에
빛나던 등불의 하나인 코리아
그 등불 다시 한 번 켜지는 날에
너는 동방의 밝은 빛이 되리라.

마음엔 두려움이 없고
머리는 높이 쳐들린 곳
지식은 자유스럽고
좁다란 담벽으로 세계가 조각조각 갈라지지 않는 곳
진실의 깊은 속에서 말씀이 솟아나는 곳
끊임없는 노력이 완성을 향해 팔을 벌리는 곳
지성의 맑은 흐름이
굳어진 습관의 모래벌판에 길 잃지 않는 곳
무한히 퍼져나가는 생각과 행동으로 우리들의 마음이 인도되는 곳

그러한 자유의 천국으로
내 마음의 조국 코리아여 깨어나소서.

– 라빈드라나드 타고르 (Rabindranath Tagore)의
'동방의 등불'

1930년대 일제치하에서 본연히 일어섰던 동시대에 인도의 시성 타고르는 3.1운동의 비폭력, 무저항 운동을 흠모하면서 이 시를 동아일보에 보냈다고 한다. 당시 영국의 지배 아래서 비폭력, 무저항의 평화적인 방법으로 독립운동을 하던 간디, 그리고 19세기 미국에서 시민이 주인으로 권리를 행사하는 세상을 꿈꾸었던 헨리 데이빗 소로우의 정신이 100여년이 지난 오늘 시민불복종운동으로,

녹색운동으로, 나아가 시민참여민주주의로 새로이 계승되고 재창조의 길을 여는 것은 우연이 아니다.

우리 다음세대에게만큼은 지배와 차별, 갈등과 불신의 시대를 넘어서 평등과 공존, 신뢰와 상생의 시대를 물려주어야 한다. 대한국인의 자부와 긍지로 지구촌의 평화와 공존을 향해 나아갈 수 있어야 한다.

이제 지방선거가 3개월 앞으로 다가왔다. 눈앞의 지방선거부터 공명하고 바르게 임하면서 우리 다음세대에게 부끄럽지 않은 민주주의와 지역 발전을 실천하며 새로운 세상을 향해 한 걸음 나아가야겠다.

오늘, 우리의 '선구자'

올 여름 중국 용정을 찾았다. 용정은 일제와 분단을 겪고 있는 우리 민족에겐 성지와도 같은 곳이다. 구한말부터 이주해온 조선족이 150여년을 넘게 살아왔고 그 중심지가 용정이었다. 백두산을 가려면 꼭 거치는 곳 중의 하나가 용정이다. 연길, 용정, 토문(두만강), 백두산 등은 우리 국민들이 가장 많이 찾는 관광코스이기도 하다.

우리 국민들이 용정을 가장 많이 찾는 이유 중 하나는 일제치하에서 이곳으로 옮겨온 민족주의자들이 세웠던 민족 교육의 요람인 대성중학교가 있고, 이곳 대성중학교 출신이자 우리가 가장 사랑하는 민족시인 윤동주 선생의 생가를 찾아볼 수 있으며, 분단의 아픔을 지척의 강 건너에서 새길 수 있는 두만강, 그리고 분단의 아픔을 넘어 민족 통일의 염원을 기릴 백두산을 찾을 수 있다는 이유들 때문이리라. 더불어 꼭 찾는 곳 중 하나가 일송정이다.

한국인이라면 세대를 초월해 부르거나 알고 있을 '선구자'의 배경이 바로 일송정이다. 일송정, 해란강, 비암산. 노래 가사에 나오는 이 이름들을 새기며 일송정에 오르면 작은 정자와 소나무 한 그루가 서있고 발 아래 수십여 호 마을과 해란강 줄기가 흐른다. 왼편으로 육십리 드넓은 평강벌, 오른 편으로는 세전벌, 그리고 마을 오른 편으로는 해란강 축구경기장도 굽어보인다.

오늘날은 연길이 연변의 중심이지만 일제시대만 해도 용정은 백두산으로부터 러시아 연해주에 이르는 두만강 이북 옛 동간도의 중심이었다. 구한말부터 일제 강점기에 이르기까지 드넓은 만주지방, 즉 북간도와 서간도에 이르는 간도지역을 찾는 우리 민족에게 용정은 꼭 거쳐 가거나 찾게 되는 중심지였던 것이다.

기록에 의하면 1903년에 10여만이던 우리 이주민들은 3.1 운동이 나던 1919년 43만 2천명, 그리고 1930년 이후에는 70 여만의 우리 민족이 살았다고 하니 일제시대 용정이 두만강을 넘어 드넓은 간도는 물론 연해주로 통하는 관문이자 우리 민족과 얼마나 가깝고도 밀접한 관계를 가지고 있는 곳인지 짐작할 수 있다. 대성중학교, 일송정뿐만이 아니라 대성중학교에 전시되고 있는 안중근, 윤봉길 의사를 비롯한 수많은 독립우국지사들이 이곳을 거점으로 활동했고, 그만큼 일제의 탄압이 극심했던 곳 또한 이곳 용정이었음을 알 수 있다.

이곳 일송정에 대한 일화는 이러한 정황을 그대로 전해준다. 본래 이곳에는 '선구자'에 등장하는 '푸른 솔은 늙어 늙어 갔어도'라는 구절과 같은 아름드리 소나무가 있었다 한다. 본래 정자가 있었던 것이 아니고 그 소나무 한 그루가 정자처럼 보여 일송정(一松亭)이라 이름하였다 하니 가히 그 위세를 짐작할 만하다.

이러한 일송정이 일제치하에서 독립지사와 항일운동가들의 상징으로 부각되자 1931년 만주사변을 계기로 이곳에 진주한 일본군들은 일송정을 표적으로 박격포 연습사격을 해댔으나 소나무가 죽지 않자 나무에 구멍을 뚫어 후추씨를 우겨넣고 대못을 박아서 일송정을 고사시키려 했다고 한다. 결국 1938년경 일송정은 말라죽게 되고 오늘의 정자와 작은 소나무는 한중국교 정상화 이후인 1990년에 세워지고 심어진 것이라 한다.

현재 연변 조선족 자치주 표기로 '룡정시' 정부청사로 쓰고 있는 건물은 1907년 8월에 세워진 '조선통감 간도파출소' 건물로 기록되어 있다. 1909년 조선을 제쳐놓고 중국과 일본이 불법적으로 체결한 '간도협약' 이후 이곳은 중국의 영토로 귀속됨과 동시에 일본 간도 총영사관으로 사용되었고, 1931년 만주사변 이후 다시 일본이 지배하게 된 이후 이곳은 수많은 한국과 중국의 항일 운동가들을 잡아 가두고 고문하던 곳이기도 했다. 지금도 뒷 건물엔 일제침략죄증전시관이 마련되어 있다.

결국 '일송정'은 이러한 연변 조선족의 역사, 나아가 간도에 어린 우리 민족의 역사의 상징이자 증인이기도 한 셈이다.

그러나 이번 용정행에서 찾은 일송정에서는 이러한 배경을 가진 가곡 '선구자'를 놓고 일대 논란이 벌어졌다. 일송정이 나오는 '선구자'의 작사자인 윤해영과 작곡자인 조두남의 친일행적 문제 때문이었다.

실제로 비암산 일송정 유적지에는 '용정찬가(龍井讚歌)', '비암산 진달래', '룡(龍)' 자(字) 등이 새겨져 있을 뿐이었다. 이 비석에는 2004년 초까지만 해도 '선구자'의 노래가사와 이원수 선생의 '고향의 봄', 그리고 한 동포가 통일을 염원하며 세웠다 는 '반갑습니다' 등의 비문과 기념비가 있었다고 한다.

그러다가 2003년 3월 중국당국의 결정에 의해 2004년 초 '선구자', '고향의 노래', '반갑습니다' 등의 내용이 지워지고 대신 지금의 모습으로 바뀌었다는 것이다.

'룡정시' 당국이 밝힌 공식 이유는 "한국 여행객들의 관광수입 때문에 오랜 고민 끝에 돈보다는 역사의 진실이 더욱 중요하다는 판단에서 스스로 삭제하고 교체했다"는 것이다. 이를 두고 국내 언론에서도 KBS '열린 채널'에서 방영한 〈선구자는 없다〉는 내용의 친일행적에 대한 비판적 입장, 그리고 '룡정시' 당국의 조치가 동북공정의 일환이라는 MBC '카메라출동'의 입장 등 엇갈린 시각으로 보도되기도 하였다.

이러한 '선구자'에 대한 친일논쟁의 중심에는 작곡가 조두남의 친일행적을 증언한 연변 음악가 김종화 씨의 회고록 〈음악가 김종화〉, 그리고 윤해영의 친일시가 실린 연변인민출판사의 〈20세기 중국 조선문학사료전집 6권〉 등이 제시되고 있다.

일송정 유적을 찾은 선후배 국회의원분들 사이에서도 논쟁은 팽팽히 맞섰다. '선구자'를 놓고 이 노래의 작사자와 작곡가의 친일행적이 '진정한 선구자'의 의미를 왜곡했으니 지금이라도 친일의 잔재를 바로잡아야 한다는 입장, 그리고 이 노래의 작사자과 작곡가와 친일행적과는 별개로 '선구자'는 일제치하부터 오늘날까지 우리 민족에게 민족혼의 상징으로 불리우고 사랑받아왔으니 노래만큼은 계승되고 불리워야 한다는 입장으로 맞섰다.

작년은 간도 조선족에 대한 통치권이 당사국인 대한제국을 제쳐놓고 중국과 일본의 불법적인 협약에 의해 중국에 넘어갔던 간도협약 100년이 되던 해였다. 또한 올해는 우리나라가 주권을 일제에게 강제로 빼앗긴 경술국치 100년이 되는 해이다. 이러한 시점에서 친일행적을 바로잡아야 한다는 주장은 자명하고도 타당하다.

하지만 '선구자'의 작사자, 작곡가와는 별개로 이 가곡이 우리 민족에게 민족혼과 자존을 일깨우는 노래로 70여년이 넘도록 불리웠고, 이러한 점에서 이 노래에 담긴 의미는 민족의 것으로 보존되고 이어져야 한다는 주장 또한 일리가 있다. 나는 우선 '선구자'의 노래부터 다시 음미해보았다. 대개 오늘날엔 2절까지 불리기도 하지만 용정을 비롯한 조선족 사이에서는 3절까지 불리우곤 한다.

조선족 사이에 불리는 '선구자' 가사 3절 전문.

일송정 푸른 솔은 늙어 늙어 갔어도
한줄기 해란강은 천년 두고 흐른다.

지난 날 강가에서 말 달리던 선구자
지금은 어느 곳에 거친 꿈이 깊었나.

용두레 우물가에 밤새소리 들릴 때
뜻깊은 룡문교에 달빛 고이 비춘다.
이역 하늘 바라보며 활을 쏘던 선구자
지금은 어느 곳에 거친 꿈이 깊었나.

룡주사 저녁종이 비암산에 울릴 때
사나이 굳은 마음 깊이 새겨두었네.
조국을 찾겠노라 맹세하던 선구자
지금은 어느 곳에 거친 꿈이 깊었나.

용정을 비롯한 연변 땅에서 대를 이어 살아온 조선족들에게 이 노래만큼 회한이 깊은 노래는 없다. 또한 수십 년이 흐른 오늘 이곳을 찾은 대한민국의 관광객들과도 이 노래 하나만으로도 한민족 동포로서의 동질감과 애환을 함께 나누며 공감대를 이루곤 한다. 나는 '선구자' 를 놓고 팽팽하게 벌어지고 있는 논쟁의 중심에서 두 가지를 생각하였다.

첫째는 '선구자' 라는 노래가 윤해영과 조두남의 개인적인 인물의 산물인가, 아니면 사회적이고 역사적인 맥락에서 사랑받고 불려온 공유물인가 하는 점이다. 문화 전문가는 아니지만 나는 '선구자' 는 분명히 개인적인 창작의 전유물이 아니라 70여년이 넘도록 우리 민족과 국민, 그리고 우리 연변뿐만이 아니라 세계 각지의 동포들에게 사랑받고 불려온 민족공동체 문화의 공유물이란 생각이다. 따라서 결론은 윤해영, 조두남 두 개인의 친일행적은 바로잡고 기억하되 '선구자' 만큼은 변함없이 사랑받고 불리워야 한다는 생각이다. 친일잔재를 바로잡고 역사를 바로 세우자는 원론에는 추호의 이견이 있을 수 없다. 하지만 그 방법이 모든 일제시대의 잔재를 없애야 한다는 발상에는 찬성하고 싶지 않다.

우리 못지 않은 수난의 역사를 겪은 헝가리는 독일 나찌의 지배와 구소련 지배의 아프면서도 치욕적인 역사를 간직하고 있다. 수도 부다페스트를 조망하는 관광지이자 역사적 명소인 겔레르트 언덕에는 구소련의 지배를 받던 당시 모스크바를 향한 여신상과 스탈린 시대의 부조물들이 그대로 역사를 증언하며 생생한 교육의 현장으로 보존되고 있다. 폴란드 또한 세계적인 비극의 유산 아우슈비츠를 보존하여 세계인들의 발길을 모으고 있다. 그들의 역사에 대한 명제는 "용서는 하되 기억하라!" 이다.

'선구자' 를 둘러싼 논쟁에 대한 두 번째 생각은 역사의 맥락에서 이해해야 한다는 점이다. '선구자' 노래 가사에서도 보듯이 이 노래는 용정을 중심으로 한 연변, 나아가 간도와 만주 일원에 대한 우리 민족의 역사적인 맥락에서 이해해야 한다. '선구자' 의 유적 일송정을 둘러싼 중국 '룡정시' 당국의 조치, 그리고 그 이면에는 분명히 중국의 역사적 입장, 특히 오늘 현재에서 20세기 초반 간도, 또는 만주의 역사를 해석하려는 국가주의가 있음을 잊어서는 안된다. 이는 조선족에 대한 정책, 나아가 간도협약을 비롯, 간도 영유권에 대한 중국의 입장이 분명하고도 일관되게 관철되고 있다.

그런 의미에서 우리가 잠시 관광여정에서 만났다가 귀국하면 잊어버리곤 하는 조선족, 즉 우리 동포이자 민족의 슬프고도 아픈 운명의 생생한 모습을 잊어서는 안된다. 구한말 기근과 수탈을 벗어나 이곳을 찾은 선조들, 그리고 일제하에서 간도 협약의 희생양으로 중국에 통치권이 넘겨졌던 우리 선조들의 운명, 경술국치 이후에는 다시 만주, 즉 간도를 침략하려는 일제의 야욕에 탄압과 수탈의 비운을 겪어야 했던 선조와 그 후손들.

그들은 대대로 무력하게 사라진 조국을 마음으로만 그리워하며 살아왔을 것이다. 광복 이후에는 어떠했는가? 그들에겐 분단과 함께 새로 수립된 두 조국, 즉 북한과 남한이 있었고 그들에게 남한, 즉 대한민국은 광복 이후 40여년이 넘어서야 오갈 수 있게 된 조국이었을 것이다.

나는 지난 해 8월 28일 간도협약 100주년이 되는 9월 4일을 1주일 앞두고 50여명의 국회의원 선배동료들과 공동서명한 간도협약 무효결의안을 국회 외교통상위에 제출한 바 있다. 그리고 간도협약으로 인한 영유권 등 영토에 대한 문제도 중요하지만 이보다 더욱 중요한 것은 간도에 살고 있는 우리 민족과 동포들의 주권과 권익문제라는 점을 가슴 깊이 새기고 있다.

결론적으로 '선구자' 는 친일잔재를 청산하자는 단선적인 역사적 맥락을 넘어 70여년이 넘도록 이 노래를 부르며 염원해온 우리 민족의 소망과 미래가 담겨있다는 생각이다.

용정 대성중학교 기념관 윤동주 시인의 지조와 절개어린 소개 끝말에 기록된 구절이 새삼스럽다.

"역사는 과거가 아니라 현재를 위하여 존재한다."

우리는 독도를 일본 영토라 주장하는 오늘의 일본, 또 발해와 고구려 역사를 자신의 역사로 편입시키려 하는 오늘의 중국과 맞서 있다. 그렇다면 과연 연변, 용정, 나아가 간도와 만주는 우리에게 무엇인가? 또 이곳에 우리말을 간직하며 100년이 넘도록 대대로 우리 민족임을 자부하고 조국을 그리워하며 살아온 우리 동포들은 누구인가?

친일잔재를 기억하고 바로잡아야 함은 분명하다. 하지만 '선구자' 는 개인적인 전유물이 아니다. 조두남, 윤해영 두 작곡 · 작사가의 소유를 떠나 70여년이 넘도록 애창되어온 '선구자', 그 존재와 의미만큼은 분명히 현재진행이다. 다시 한 번 나직히 '선구자' 를 불러본다.

용서하되 기억하자. 그리고 역사의 과거를 끌어안고 한 걸음씩 내일을 향해 걸어가자. 우리가 꿈꾸고 그리는 대한국인의 조국 대한민국의 미래를 위해.

호국보훈의 달에 생각하는

보훈정책 선진화

지금 한반도는 북핵위기에 휩싸여 있다. 지금으로부터 4년 전인 2005년 4월 당시에도 북한의 6자회담 거부와 핵문제로 위기상황으로 치닫던 상황, 그러나 북한 개마고원 장진호 주변에서는 미국 국방부 소속 유해발굴 전문가들과 특수요원 27명이 북한군인들을 지휘하며 6.25 당시 전사하거나 실종된 미군의 유해발굴 작업을 하고 있었다. 미국은 1996년부터 북한지역 내에서 미군 유해발굴 작업을 해왔고 그 대가로 2004년에만 500만 달러를 북한당국에 지급했다. 비싼 비용을 지불하면서, 핵문제로 인한 일촉즉발의 군사적 대립의 위험을 무릅쓰고 자국 군인의 유해를 한 구라도 더 발굴하려는 미국의 노력은 우리나라 보훈 현실에 많은 시사점을 던져준다.

온 국민이 참여하는 선진 각국의 호국보훈 정신

호국보훈에 대한 국민인식이 높은 보훈 선진국이 곧 국력에 있어서도 선진국임을 알아야 한다. 영국을 비롯한 캐나다 등 영연방 국가들과 프랑스, 벨기에를 비롯한 유럽의 여러 나라들은 제1차 세계대전이 끝난 1918년 11월 11일을 리멤브런스 데이(Remembrance Day)로 기린다. 오늘날에는 1,2차 세계대전 뿐만 아니라 한국전쟁, 베트남 전쟁, 이라크 전쟁을 거쳐 최근 아프가니스탄에서의 평화유지군 활동 중 희생당한 모든 군인들을 기리는 날로 발전하고 있다.

유럽인들은 이 날 '포피 어필(Poppy Appeal)' 이라 하여 종이로 만든 양귀비 꽃을 옷깃에 달거나 가까운 전쟁기념 장소나 국립묘지 등을 찾아 양귀비 꽃을 헌화하여 묘역이나 기념비를 붉게 물들인다. 제1차 세계대전에 참전했다가 전사한 캐나다 출신의 작가 존 매크레(John McCrae)는 군의관으로 참전 중 이 양귀비꽃 벌판과 참혹한 전쟁터를 소재로 '프랑드르 벌판에서(In Flanders Fields)' 라는 시를 썼고 이 시를 기원으로 영연방과 유럽인들이 가슴에 양귀비꽃을 달고 헌화하는 관례가 시작되었다 한다. 캐나다의 10달러짜리 지폐 뒷부분에는 이 시의 첫 연이 영어와 불어로 각각 씌어 있고, 매년 11월 양귀비 그림을 넣은 25센트 동전을 발행하여 전쟁 희생자를 추모하고 있기도 하다.

호주와 뉴질랜드에는 매년 4월 25일, 제1차 세계대전 중 터키군과

첫번째 대규모 전투에서 전사한 군인들을 추모하기 위해 시작된 기념일로 안작 데이(Anzac Day ; Australian and New Zealand Army Crops)가 있다. 안작 데이가 되면 대부분의 국민들은 새벽 5시30분 '돈 서비스(Dawn Service)' 에 참석하여 전사한 군인들을 기리는 기도식을 갖고, 오전 10시에는 브라운즈 베이에서 열리는 참전용사 퍼레이드에 참가한다. 역시 양귀비 꽃으로 안작 데이를 기린다.

매년 국민적 참여로 국가유공자 위한 기금 모금

주목할 것은 종이 양귀비 꽃을 사면서 한 송이에 보통 1유로나 1달러 정도의 금액을 기부해 나라를 위해 봉사한 군인들을 위한 펀드를 조성한다는 점이다. 영연방과 대부분의 유럽인들은 조그만 아이들에서부터 어른에 이르기까지 거의 모든 사람들이 빨간 종이 양귀비 꽃과 함께 기부 자체를 자랑스럽게 여기며 리멤브런스 데이(Remembrance Day)를 기리는 것이다.

프랑스에서는 전쟁기념일을 기하여 상이군인의 재활을 위해 간호사들이 수레국화를 판매하는 행사를 열며, 2004년 캐나다에서는 노르망디 전투 60주년을 기념하여 참전용사들에게 자신의 이름을 새긴 기념 배지를 배부하여 이들의 위훈과 명예를 선양하기도 했다.

미국에서는 매년 5월 마지막 월요일을 메모리얼 데이(Memorial Day)라 하여 미국 남북 전쟁 당시 사망한 군인들과 제1차 세계 대전 이후 미국의 모든 군사작전의 전사자와 참전용사의 위훈을 기린다. 또한 11월 11일이 되면 전현직 대통령을 비롯한 각계 요인과 수많은 시민들이 국립묘지에서 무명 용사들(Unknown soldiers)의 무덤에 화환을 바치는 것을 시작으로 공식행사가 열리고, 워털루(Waterloo)와 수도인 Washington D.C. 시내에서 버지니아 주 알링턴 국립묘지에 이르는 퍼레이드가 거행된다. 국가에서 주관하는 행사뿐만 아니라 작은 도시별로 자발적인 추모행사가 열린다는 점은 우리가 배울 점이다. 뿐만 아니라 앞서 말한 것처럼 미국은 한국전쟁 이후 50여년이 넘도록 세계 각지에서 미군의 유해를 찾는 작업을 국방부 차원에서 지속적으로 추진하고 있다.

우리의 현충일은 1956년 4월 19일 대통령령 제1145호(국방부령 27호)를 근거로 6월 6일 현충기념일을 제정하였으며, 75년 현충일로 개칭했고, 1982년에 대통령령으로 '관공서 공휴일에 관한 규정'을 공포하여 공휴일로 정하면서 매년 현충일을 기린다.

하지만 안타까운 것은 선진 각국에 비해 자발적인 추모의 분위기가 거의 없다는 것이다. 대부분의 선진국에서는 조그만 시 단위마다 백발의 노병들이 앞장서고 상이군인과 전사자 가족 그리고 지방 자치단체와 의회, 마을 주민과 학생들이 참여하는 퍼레이드를 벌이며 호국보훈의 의미를 문화행사로 격상시키고 있다. 하지만 우리 주변에서 현충일이나 호국보훈의 달이라 하여 국가 유공자 모임이나 단체와 함께 퍼레이드를 하거나 온 국민이 나서서 이들을 위한 기금마련을 했다는 사례는 보기 어렵다.

보훈법 정비, 보훈정책의 형평성 정립의 과제

생존한 독립유공자들의 평균 연령은 90대에 가깝고, 광복군동지회나 독립유공자 모임은 명맥이 끊기어가고 있다. 6·25전쟁 참전 용사도 80대에 접어들었고, 베트남 전쟁 참전 용사도 벌써 60대 중·후반이다. 그런데도 보훈병원이 전국에 5개 밖에 없는데 예약 환자들이 많다고 한다.

보훈처가 매년 조사하는 국민보훈의식지수가 광복 60주년이었던 2005년 이후 3년간 연속 하락세를 보이는 것으로 조사됐다는 씁슬한 소식도 진해진다. 보훈 관련 지원 대상자가 미국처럼 제대군인에 국한되는 것이 아니라 독립 독립유공자와 6·25 참전용사와 경찰, 세계 각지에서 국익을 위해 싸우신 분, 민주화 유공자 등으로 요구 사항도 매우 다양하고 형평성에 대한 문제도 끊임없이 제기되고 있다. 이러한 이유에서 다른 나라와 달리 무려 39개에 이르는 복잡한 보훈 관련법을 가진 나라이기도 하다.

사정이 이러한데도 청와대에는 보훈관련 담당자 한 명이 없다. 어쩌면 이러한 국민의식과 정부의 미흡한 보훈정책이 2002년 6월 제2연평해전 전사자 추모 기념식을 지난 해까지 해군2함대사령부 자체 행사로 진행하도록 방치하는 안타까운 사태를 초래했는지도 모른다. 뒤늦게나마 올해 6월 29일부터는 종전 해군 차원의 '추모식'을 '정부기념행사'로 격상하여 보훈처에서 주관하기로 했다하니 그나마 다행이다.

올해는 건군 60주년이고 내년 2010년은 상하이(上海) 임시정부 수립 90주년(4월13일)이자 안중근의사 의거·순국 100주년(3월 26일) 이기도 하다. 조국과 민족을 위해 이슬처럼 목숨을 바친 분들의 넋은 현충일 하루, 또는 호국보훈의 달 한 달뿐만 아니라 1년 365일 항상 국민 모두가 가슴에 새기며 기억하고 추모해야 한다.

가까운 국가유공자들을 늘 보살피고 이들을 위하는 풍토가 굳건히 뿌리내릴 때 우리는 비로소 진정한 선진국임을 자부할 수 있다는 점을 명심해야 한다.

6월 호국보훈의 달을 보내면서 국민을 대변하는 입법기구인 국회에서 일하는 한 사람으로서 보훈 관련 입법을 정비하고 헌법을 비롯 법적, 제도적 차원에서 형평성있는 보훈정책을 입안하는 일부터 시작해야겠다는 각오를 다져본다.

제18대 국회가 열린 2008년은 건국사적 의미가 있는 제헌 60주년이었다. 하지만 국회는 쇠고기 파동을 둘러싼 여야 갈등으로 제 때에 개원하지 못했고 7월 11일에서야 개원식을 가졌다. 초선으로 임한 제18대 국회. 자식 걱정으로 하룻밤에도 열 번을 깨어 일어났다는 일야십기(一夜十起)의 각오로 임한 국회 등원. 이제 만 3년여의 의정활동을 통해 2008~2010 국회 사무처 주관 '입법 및 정책개발분야' 3년 연속 최우수 의원 선정, **그리고 국정감사 NGO 모니터단 3년 연속 우수의원 수상이라는 긍지를 가질 수 있었다. 하지만 더 낮아지고 더 연구하고 더 땀을 쏟아야 한다는 각오로 다시 선다.**

3부 오늘, 대한민국은 소중한 선물입니다

3부 오늘, 대한민국은 소중한 선물입니다

“대한민국의 모든 권력은 국민으로부터 나온다”

2008년 5월 초선의원으로 국회에 등원하는 각오와 다짐을 담아 충청투데이에 기고한 글을 퇴고하다.

자유민주공화국으로서 국회와 정부 출범 60주년을 맞는 18대 국회 개원이 눈앞으로 다가왔습니다. 저는 초선의원으로서 몸과 마음을 가다듬으면서 가장 먼저 가슴에 새긴 말이 있습니다.

“대한민국의 모든 권력은 국민으로부터 나온다.”

헌법 제 1조 2항에 명시된 조문입니다. 국회의원으로서 갖게 되는 모든 권한과 비용, 그리고 4년이라는 임기 동안의 시간조차 모두 국민을 위해 일하라는 뜻에서 국민으로부터 위임받은 것입니다.

저는 앞으로 4년 동안 이 조문을 늘 가슴 깊이 새기면서 국민 여러분께서 위임해주신 권한을 한 치의 헛됨도 없이 국민 여러분을 위해 일함으로써 더욱 값진 성과로 돌려드릴 것을 굳게 다짐합니다. 그리고 이를 위해 해야 할 일들을 생각해 봅니다.

첫째는 경제입니다. 경제의 참된 의미는 '경세제민(經世濟民)'에 있음을 가슴 깊이 새깁니다. 나라와 세상의 살림을 제대로 경영하여 국민들의 삶을 구제하고 보다 나은 삶을 영위하도록 하는 것, 그것이 바로 경제의 참된 의미라 생각합니다. 지난 대선에서, 그리고 지난 4월 총선에서 국민 여러분이 정치권에 요구한 가장 준엄한 사명 또한 국민경제를 살리고 국가경제를 바로 세우라는 것이었습니다.

국민경제를 살리기 위해 정치권이 가장 먼저 해야 할 일은 바로 국민 누구나가 일한 만큼 잘 살 수 있는 경제 시스템을 만드는 일입니다. 대기업도 활발한 경제활동을 해야 하지만 중소기업과 자영업자, 그리고 농어민과 근로자 모두가 마음껏 일할 수 있고, 일한 만큼 잘 살 수 있어야 합니다.

제 지역구인 아산에는 삼성 같은 대기업도 있지만 1,500여개의 중소기업이 있고 수만 근로자가 이들 중소기업에서 땀 흘려 일하고 있습니다. 또한 많은 농민들이 땅을 일구며 살아가고 있고 중소 자영업자들이 하루하루의 매상에 희망을 걸고 새벽부터 밤늦게까지 가게 문을 열고 있습니다. 이제 정치가 이 분들께 더 이상 실망과 좌절을 드려선 안됩니다. 이 분들의 경제활동에 걸림돌이 되는 규제나 장애가 있다면 신속하게 개선해드리고 지원해야 할 일이 있다면 우선적으로 지원하겠습니다.

둘째는 갈등과 당리당략으로 국민의 불신을 받아온 정치권 스스로의 변화입니다. 정치권의 변화는 정치 선배님 누구나가 공감하면서도 우리 정치의 구조적인 문제이기 때문에 어려운 일이라는 점은 잘 알고 있습니다. 그리고 초선의 작은 힘으로는 한계가 있다는 점도 잘 알고 있습니다.

하지만 저부터 시작해서 초선의원들과 마음을 모으고, 선배 정치인들께서 도와주시고 이끌어주신다면 아무리 어려운 일도 해낼 수 있다는 믿음입니다. 늘 언론에 부끄럽게 비치는 우리 정치의 모습을 고쳐나가면서 대화와 설득에 앞장서겠습니다. 그래서 국익과 국민의 권익을 먼저 생각하며 초당적으로 협력하고 상생하는 국회를 향해 한 걸음씩 나아가겠습니다.

셋째는 국민들께 실질적으로 힘이 되어드리는 진정한 실용주의 국회입니다. 저는 국회의원을 꿈꾸면서 실용주의 개헌에 대해 깊이 생각하고 자문을 구하며 연구해왔습니다. 국민을 위해 개헌이 필요한 사안이 많다는 소신입니다.

전 세계에서 우리나라에만 있는 비효율적인 국정감사제도, 지방분권을 가로막는 지방재정에 관한 사안, 그리고 국가와 민족을 위해 몸 바친 분들에 대한 예우와 보상에 관한 개선 등 국민 생활과 직결된 문제이면서도 구태를 벗지 못하고 있거나 개선이 필요한 헌법조항들을 연구하면서 개선해 나아가는데 앞장서겠습니다.

꼭 권력구조 개편이나 대통령 연임제 개헌 등만이 개헌이 아닙니다. 국민의 권익과 직결된 실용주의적인 사안이 더욱 실질적이고 중요한 개헌 현안이라는 생각입니다.

초선의원으로 처음 국회에 등원하는 순간 저는 제 삶의 첫 순간들을 돌아봅니다. 부모님 손을 잡고 처음 초등학교에 입학하던 날, 아산군 수습사무관으로 공직 첫 발을 내딛던 날, 그리고 아내와 처음 만나던 날, 우리 아이가 첫걸음을 떼던 날. 제 삶뿐만 아니라 우리 삶엔 수많은 첫 순간들이 있습니다. 이 첫 순간 첫 마음을 잊지 않는다면 부끄럽지 않은 삶을 살았다고 자부해도 되리라는 믿음입니다.

이제 저는 대한민국의 헌법 제1조 2항을 가슴 깊이 새기며 국회의원으로서 첫 발을 내딛고자 합니다. 국민으로 부터 위임받은 권력을 한 치의 어긋남 없이 제대로 국민을 위해 일하는데 사용하고자 합니다. 오늘 이 첫 마음 변함없이 앞으로 4년 정말 열심히 땀흘리고자 합니다.

갈등과 분쟁을 넘어
화광동진 '和光同塵'의 다짐으로

2008년 7월초 촛불시위와 정치갈등으로
열리지 못하고 있던 국회 개원을 촉구하며 쓴 글을 퇴고하다.

정치 초년병으로 정말 국민을 위해 열심히 땀 흘리겠다는 다짐으로 18대 국회 앞에 섰습니다. 하지만 지금 국회의 문은 굳게 닫혀 있습니다.

두 달째 계속되는 촛불시위는 과격과 폭력의 우려를 낳고 있고, 문제를 수습해야 할 정부와 대통령은 보이질 않습니다. 야권을 비롯한 정치권은 산적한 민생과 나라살림을 책임질 신성한 일터인 국회를 외면하고 거리로 나서고 있고, 노동계는 일터를 버리고 전기를 끊고 철도를 멈출 수도 있다며 총파업에 나서고 있습니다.

그 뒷전을 돌아보면 유가와 물가는 하늘 높은 줄 모르고 치솟고, 경제성장률은 곤두박질치며 민생과 가계를 짓누르고 있습니다. 6월 현재 우리 경제는 IMF 직후 첫 무역수지 적자, 그리고 IMF 직후인 1998년 이후 최고의 물가 상승률 등 비극을 예고하는 지표들이 쏟아지고 있습니다. 이대로라면 국가경제와 국민의 살림은 파국으로 치달을 수밖에 없다는 우려까지 나오는 실정입니다.

먼저 대통령과 정부에 호소합니다. 지난 대선에서 경제와 민생을 살려달라던 국민의 지지와 열망을 기억해 주십시오. 정권 출범 당시 모든 국민 앞에서 선언했던 국민통합과 경제성장의 약속을 되새겨 주십시오. 내각이 사퇴 의사를 표명한 지 한 달이 다 돼가도록 개편 폭과 시기마저 불투명한 상황이라면 가뜩이나 어려운 국정과 경제정책은 혼란만 가중될 뿐입니다. 실제로 정부와 여당이 1일부터 시행하기로 한 고유가 민생종합대책부터 멈추어 있습니다.

정치인이기 전에 국민의 한 사람으로서 대통령과 정부에 간절히 호소합니다. 국민들에게 설득할 것은 설득하고 책임질 것은 책임지면서 의연하고 믿음직한 모습으로 나서 주십시오. 대통령과 정부의 신뢰만 회복된다면 우리 국민은 촛불을 끄고 거리에서 일터로 돌아가 다시 한 번 허리띠를 졸라매고 제2, 제3의 경제성장의 기적을 이룰 수 있으리라 믿습니다.

선배 정치인들과 정치권에 호소합니다. 오늘 우리의 총체적인 난국의 책임과 해결의 열쇠는 국회정상화에 있다는 것은 정치 초년병인 저보다 선배 정치인과 정치권의 모든 분들이 더 잘 알고 있다고 믿습니다. 세계 경제는 3차 오일쇼크에 직면해 비상시국을 방불케 하는데 하반기 국가살림과 경제회복에 긴요한 4조 9천억에 달하는 추경예산을 비롯, 산적한 경제와 민생현안은 방치되고 있습니다. 이대로 국회정상화를 외면하고 거리로 나선다면 우리 정치권은 다시 한 번 국민에 대한 책임과 의무를 저버리게 될 것입니다.

정치초년병으로 선배 정치인들과 정치권에 간절히 청원 올립니다. 국가와 국민의 일에는 여야가 있을 수 없고 당리당략이 있을 수 없다는 대의를 되새겨 주십시오. 그래서 굳게 닫힌 국회의 문을 열고 국가경제와 민생의 내일을 향한 열정과 고민으로 다시 국회의사당과 의원회관의 불을 밝힐 수 있기를 청원합니다.

촛불을 들고 거리로 나설 수밖에 없었던 시민들께 호소합니다. 대통령과 정부, 그리고 국회를 비롯한 대의정치가 국민에게 위임받은 역할과 기능을 잃은 상황에서 촛불을 들고 거리로 나설 수밖에 없었던 절박함과 충정은 이제 국민 누구나가 잘 알고 있습니다. 그리고 촛불을 밝힌 충정의 본질이 미국산 쇠고기 파동뿐만이 아니라 민생과 경제에 근시안적이고 무책임한 정권과 정치권에 대한 질책과 자성의 촉구라는 점도 국민 모두에게 충분히 알려졌다고 생각합니다.

그 순수한 충정이 더 이상 폭력과 갈등으로 얼룩진다면 우리에게 돌아오는 것은 혼란과 투쟁, 그리고 소모와 분쟁뿐이라는 점을 되새겨 주시길 간절히 호소합니다.

나아가 침묵하는 대다수 국민 여러분께 감사와 다짐을 올립니다.

지금 이 시간에도 묵묵히 각자 자신의 일터를 지키며 땀 흘리시는 여러분들의 힘이 우리 경제를 살리고 나라의 미래를 열어갈 가장 소중한 원동력이라는 사실을 다시 한 번 가슴 깊이 되새깁니다.

가까이는 금모으기를 시작으로 IMF를 이겨낸 저력에서부터, 거슬러 올라가면 오늘의 대한민국을 있게 한 경제개발을 비롯, 정부수립 60년의 경제자립과 성장의 동력은 바로 국민 여러분의 하나된 마음과 땀이었습니다. 이제 그 힘을 되살려 다시 한 번 대동(大同)의 마음으로 오늘 우리 앞의 위기와 고난을 이겨낼 수 있기를 간절히 소망하며, 저 또한 정치 초년병으로서 첫 마음 변함없이 국민 여러분을 위해 밤낮을 잊고 땀 흘릴 것을 다짐 올립니다.

끝으로 조선 후기 실학자 이덕무 선생이 백성을 위해 새겨야 할 금언을 기록한 〈사소절(士小節)〉의 한 구절을 정치 초년생의 다짐으로 되새깁니다. 스스로를 버리고 백성들을 향해 "티끌(塵)이 되고 빛(光)으로 화합하라"는 '화광동진(和光同塵)'의 가르침입니다. 이덕무 선생은 그럼으로써 "날카로워진 갈등과 분쟁을 풀 수 있다(挫其銳 解其分)"고 깨우치고 있습니다.

국민 여러분께 배우는 마음으로 저부터 나서서 말보다는 행동으로, 오직 국민만을 바라보며 국민을 위해 화합과 상생의 시대를 향해 열심히 땀 흘리는 정치인이 되겠습니다.

"국정감사 개선,
더 이상 늦춰선 안 된다"

2008년 10월 18대 국회 첫 국정감사를 마친 후
충청투데이에 기고한 글을 퇴고하다.

18대 국회 첫 국정감사가 24일 끝났다. 국회의원으로서는 첫 국정감사였지만, 25년 공직생활 중 20여년을 국정감사를 받은 경험이 있는 입장에서 국정감사의 폐해를 여실히 절감할 수 있었다.

헌법학자들에 의하면 전 세계에 우리나라와 같이 1년에 20일 기간을 정해 놓고 국회가 국정 전반을 감사하는 나라는 없다고 한다. 2005년 서울에서 열린 한국헌법학회 국제학술대회에서도 미국 · 일본 · 독일 · 프랑스 등에서 참가한 헌법학자들은 선진 각국에서는 상시적으로 국정조사를 요구하고 수행하면서 국정을 견제할 수 있는 시스템은 있으되 우리나라처럼 20일 동안 기간을 정해놓고 국정감사를 치르는 나라는 없다는 것이다.

우리의 국정감사제도는 1948년 제헌헌법 당시 영국 의회의 국정 통제 기능으로서의 국정조사제도를 국정감사로 오해하여 잘못 도입된 제도라는 것이 대부분 헌법학자들의 견해이다.

이러한 국정감사제도는 1972년 유신헌법에서 그 제도가 폐지되었다가, 87년 개헌 과정에서 유신헌법의 비민주적인 성격상 국정감사제도가 마치 민주적인 국회 활동의 상징인 것처럼 인식되어 부활되고 오늘에 이르고 있는 것이다.

국정감사의 폐해는 공직자들이 더 잘 알고 있다. 우리나라 대부분의 공직자는 연중 공무의 상당 시간을 감사준비와 감사를 받으며 보내야 한다. 지방자치단체의 예를 들어보자. 자체 감사와 의회 행정사무 감사, 상급자치단체의 감사, 행정안전부 감사, 감사원 감사, 그리고 국정감사까지 받아야 한다. 이러한 감사를 다 받을 경우 감사준비와 피감사 기간을 20일씩만 잡아도 연중 120일, 즉 4개월여를 감사로 보내게 된다.

국정감사의 더 큰 폐해는 진정 국정을 감시하고 바로잡는 본연의 업무보다는 정쟁에 휘둘리기 쉽다는 점이다. 2007년 국정감사가 대표적인 사례이다. 대선을 앞둔 2007년 국정감사에서는 본연의 국정감시 기능은 실종된 채 시종 여야 후보 검증으로 치달았고, 여론의 질타를 받았다.

또 다른 폐해는 20일이라는 단기간에 이뤄지는 국정감사가 제 기능을 발휘하기 어렵다는 점이다. 실제로 국정감사가 부활된 이후 91년 초 국감에서 제기된 율곡비리 의혹은 93년 초에야 이슈화됐고, 94년 일부 의원들이 서울시 11개 교량의 안전문제를 거론했으나 국감 직후인 10월 21일 성수대교 붕괴라는 비극을 부르기도 했다. 97년 1월 23일 한보철강 부도를 시발로 대기업 부도가 잇따르고 11월 국제통화기금(IMF) 관리체제로 치닫는 국가적 위기상황도 97년과 98년 재경위 국정감사가 제대로 이루어졌더라면 사전에 예방할 수 있었다.

올해 국정감사도 제대로 치러졌는지 의문이다. 국감을 치른 여야 의원들과 보좌진 대부분은 국감이 수박 겉핥기식이라는 점에 이의를 제기하지 못할 것이다. 예를 들어 교육과학기술위는 지난 21일 무려 11개의 피감기관을 국회로 불러 감사를 했고 위원장을 제외한 20명 의원은 1명당 불과 10분 정도의 질의 시간이 할애됐다. 지난 7일 국회 문화체육관광방송통신위의 한국관광공사에 대한 국감은 여야의 갈등으로 사실상 감사가 이뤄지지 못했고 추후 감사조차 이루어지지 않았다.

국정감사의 폐해는 국회와 피감기관의 비효율, 비능률로 이어지고 궁극적으로는 국민에게 그 피해가 고스란히 돌아간다는 점에서 이제 더 이상 그냥 지나쳐서는 안된다. 더구나 이제 우리 국회도 국정감사제도의 심각성을 인식한 만큼 국민의 실용적인 이익과 권리를 위해서 과감한 개선책을 모색해야 하고 여야가 머리를 맞대고 개혁에 나서야 한다.

대다수 헌법학자와 국회의원들은 현행 정기 국정감사제도를 폐지하고 필요할 때면 언제든지 국정감시와 견제기능을 수행할 수 있는 상시적인 국정감사 시스템 도입이 필요하다는 점에 공감하고 있다.

따라서 대안은 감사원과 자체 감사기능을 강화하면서 국회의 국정감시 기능이 제대로 활성화될 수 있도록 국정조사권을 활성화하는 방안이라고 요약할 수 있다. 독일과 같은 경우 헌법 제44조의 국정조사제도에 의해 재적의원 4분의 1의 소수로도 국정조사가 이루어질 수 있도록 하여 국정조사를 상시화하고 있고, 미국 의회의 경우 청문회 제도로도 상시적인 국정감시 기능을 수행할 수 있다.

상임위원회별로 소위원회를 만들어 수시로 국정감시기능을 수행하자는 민주당의 주장도 연구해볼 필요가 있고, 국회 자체의 전문성이 떨어지는 사안에 대해서는 감사원에 감사청구를 할 수 있는 방안도 모색해볼 만하다.

현행 법제도 하에서도 상임위원회 재적의원의 3분의 1 이상의 동의로 관련서류 제출을 요구하면 실질적인 국정감사 기능을 수행할 수도 있고, 필요하다면 국정조사권을 발동하여 철저한 국정감시 기능을 발휘할 수도 있다.

국정감사와 국정조사의 기능은 어디까지나 국민의 권익을 수호하고 알권리를 보장해야 한다는 대원칙 아래 행해져야 할 소중한 국회의 기능이다. 현행 국정감사제도가 지닌 문제의 심각성을 여야가 공유하고 있는 것도 사실이다. 따라서 이제 국정감사 제도의 개선은 다른 개헌문제 못지 않게 중요한 사안으로 인식하고 개선에 나서야 한다.

사심을 버리고 일야십기 一夜十起의 정치를!

2009년 3월 국회에서 발행하는
정기간행물에 기고한 글을 다시 고치다.

늘 국민 여러분께 죄송스런 늦은 밤, 국회를 나서는 길에 '일야십기(一夜十起)'의 옛 가르침이 떠올랐습니다. 중국 후한(後漢) 시대 청백리 제오륜(第五倫)의 고사(故事)에서 비롯한 '일야십기(一夜十起)'의 첫 가르침은 '자식의 병을 간호하기 위해 하룻밤에 열 번 일어나다'라는 의미입니다. 저는 이 고사를 떠올릴 때마다 오늘 이 시간에도 어려운 이 나라에서 살아가는 어버이의 마음, 그리고 자식된 마음을 생각하며 눈시울이 뜨거워지곤 합니다.

"하룻밤에도 열 번을 깨어 · · · "

엊그제 들은 한 후배 이야기가 생각납니다. 한 때는 언론인으로, 또 한 때는 사업가로 열심히 살아온 그 후배는 최근 하는 일마다 어려움에 빠져 사실상 오도 가도 못하는 실업자

신세가 되었습니다. 하루는 팔순이 다 된 부친께서 어디서 무슨 소릴 들으셨는지 봉투 하나를 건네시더랍니다. 은행 빚과 사채, 아이들 교육비에 쫓기던 그 후배는 아버님께 감사의 인사 한 마디 못하고 눈물로 봉투를 받아들고 돌아섰답니다. 그 후배는 부친이 공직을 은퇴하시고 연금으로 어려움 없이 살아가시는 줄 알고 있었답니다.

그런데 얼마 후 밤 늦은 주택가에서 아버님을 뵈었습니다. 팔순이 가까운 부친은 한 겨울 새벽 1시가 가까운 영하의 칼바람 속에서 중고차 매매 전단지를 자동차마다 끼워 놓는 일을 하고 계셨습니다. 망연한 심정으로 아버님 뒤를 밟던 그 후배는 1,500원짜리 김밥 한 줄과 자판기 커피 한 잔으로 허기를 때우며 첫 시내버스가 다니는 시간까지 전단을 돌리고는 버스를 타시는 아버님의 뒷 모습을 보고서야 뜨거운 눈물을 삼키며 발길을 돌렸답니다. 눈물로 지샌 아침 그 후배는 입을 굳게 다문 어머님께 사정을 해서 자초지종을 듣게 되었습니다. 부친은 어려워진 아들 소식을 듣고 자식들 모르게 매일 밤 7~8시간씩 1장에 15원을 받는 전단을 하루 1천장 이상 돌리는 일을 하셨답니다. 부친은 결국 하루 15,000원 벌이로 서너 달 모은 돈에 연금을 보태 후배에게 건넸던 것입니다.

저는 잠시 눈시울이 뜨거워졌습니다. 이런 기막힌 사연은 비단

한 후배만의 이야기가 아닙니다. 피눈물 나는 아픔을 이겨내며 대학까지 가르친 아들 딸이 취업을 못해 임시직을 전전하는 모습을 지켜봐야 할 수많은 어버이들의 마음. IMF사태보다 더한 경제난에 실직하고 거리로 내쫓긴 가장들, 자식들 교육비에 식당일, 청소부일도 마다 않고 새벽밥을 해놓고 집을 나서야 하는 주부들. 그 어버이된 이들의 마음이 바로 하룻밤에도 열 번을 깨어나 자식 병구완을 하는 '일야십기(一夜十起)'의 마음입니다.

이제 우리 정치 또한 밤낮을 잊고 오직 국가경제와 국민경제를 살리기 위해 '일야십기(一夜十起)'의 각오로 거듭나야 합니다.

사심을 버리고 위기 극복의 한 길로

이 어려움을 이겨낼 수 있는 가르침 또한 '일야십기(一夜十起)'의 뜻에서 깨닫게 됩니다. 중국 후한(後漢) 시대 회계(會稽) 태수의 관직에 헌신하던 제오륜은 지역을 관장하는 태수의 지위에 있었지만 스스로 풀을 썰고 여물을 해서 가축을 먹이고, 그의 아내 또한 직접 부엌일을 하며 집안을 돌보았으므로 백성들에게 청렴하고 강직한 관리로 존경을 받았습니다. 하루는 지인이 그에게 "당신같은 분은 티끌만큼도 사심(私心)이 없으

시겠지요?" 라고 물었습니다.

제오륜은 대답했습니다. "언젠가 어떤 친구가 나에게 관직을 구하며 한 필의 천리마를 보낸 적이 있었지요. 나는 그 천리마를 받지 않았고 아직껏 어떤 관직에도 그 친구를 소개한 일은 없지만, 누군가를 추천할 일이 생길 때마다 그 친구와 천리마가 욕심나곤 합니다. 내 마음이 이러하니 어떻게 사심이 없다 하겠습니까? 또 하루는 내 조카가 병으로 신음할 때 하룻밤에 열 번 가서 그 애를 보살펴서 병세가 가라앉은 후에야 비로소 잠잘 수 있었습니다. 하지만 내 아들이 병이 들었을 때에는 미처 좇아가 살펴보지 못했지만 밤새도록 잠을 이룰 수 없었습니다. 그러니 어찌 제가 감히 사심이 없다고 할 수 있겠습니까?" 라고 〈후한서〉는 전하고 있습니다.

작은 터럭만큼의 사심조차 없이 백성을 돌보며 공사에 전념하는 마음, 이것이 바로 '일야십기(一夜十起)'의 두 번째 가르침입니다. '일야십기(一夜十起)'의 가르침을 뼛속 깊이 새기며 이 나라 정치인의 한 사람으로서 반성의 눈물로 밤을 지샙니다.

어떻게 해야 이 나라 어버이들의 잠자리를 편안히 해드릴 수 있을까? 정말 어떤 방법으로 이 나라를 이끌어갈 다음 세대에게 부끄럽지 않은 정치를 할 수 있을까?

‘네 탓’ 버리고 민생법안, 추경예산부터

첫 걸음이 바로 사심을 버리는 것입니다. 온 국민이 하루하루를 고통 받고 있는 오늘, 여야가 수많은 민생법안을 비롯한 본분을 제쳐 놓고 명분싸움에 날을 지새서는 안됩니다. 국가경제를 좌우할 추경안을 코앞에 두고 ‘네 탓’ 공방으로 당리당략에 휩쓸려선 더더욱 안됩니다. 여야가 중지를 모아 수년간 추진해온 지역균형발전 정책, 그리고 국가 대의를 생각하며 추진해온 행정중심복합도시 건설 방안이 정권이 바뀌었다고 해서 하루 아침에 축소되거나 왜곡되는 일들도 결코 있어선 안될 일입니다.

지금 이 시간 국가와 국민의 어려움 앞에 여야가 있을 수 없고, 소모적인 정쟁으로 한 치도 지체할 시간이 없습니다. 미국 오바마 대통령은 취임과 동시에 한 때 정적이었던 힐러리를 국무장관으로 등용하고 특사로 파견해서 미국의 이미지를 개선하는 동시에 FTA를 비롯한 국익을 관철하는데 힘을 모으고 있습니다. 2005년 집권한 독일 메르켈 총리의 독일경제 회생을 향한 정책, 그리고 2007년 집권한 프랑스 사르코지 대통령의 유럽경제 위기 극복을 향한 정치행보의 최우선 캐치프레이즈 또한 ‘통합’ 이었습니다.

여야 모두 '어버이의 마음'으로

선잠에서 깨어 일어나 밝아오는 동녘 하늘을 우러릅니다. 붉어오는 아침 노을을 바라보며 얼마 전 우리 곁을 떠나신 김수환 추기경이 선종 직전에 남기셨다는 말씀이 귓전에 울려오는 듯합니다.

"국화빵 팔러 나가신 어머니를 기다리며 바라보던 저녁 노을이 그립습니다."

눈 앞에 선연한 어르신의 모습들. 우리 어르신들은 하루 한 날도 어김없이 자식들보다 먼저 일어나 새벽밥을 지어 먹이고 도시락을 싸서는 학교에 보냈습니다. 어르신들의 눈물 어린 '일야십기(一夜十起)'의 노고가 오늘의 우리를 키웠습니다. 그리고 그 힘이 모여 오늘 우리 경제, 우리 민주주의, 나아가 우리 국가의 주춧돌을 놓고 기둥과 대들보를 세웠습니다.

이제 우리는 티끌만큼의 사심도 지우고 우리 어르신들이 그러셨듯이 눈물 어린 '일야십기(一夜十起)'의 어버이된 마음으로 돌아가야 합니다. 그리고 오직 경제회복을 위해, 국가와 국민을 위해 한 길로 나아가야 합니다. 그 길만이 우리 다음세대에게 희미하게나마 그리움을 남길 수 있는 오직 한 길입니다.

오늘, 대한민국은
소중한 선물입니다

2009년 12월 한 해를 보내고
2010년 새해를 맞는 시점에서 국민 여러분께 올리는 인사로
디트뉴스에 기고한 글을 퇴고하다.

경인년 새해를 맞는 아침, 지난 한 해 우리를 따뜻하게 해준 가장 값진 사랑을 되돌아 봅니다.

한 숨은 천사의 편지가 떠오릅니다. "대한민국 모든 어머님들이 그러셨듯이 저희 어머님 도 안 쓰고 아끼며 모으신 돈이랍니다. 어머님의 유지를 받들어 어려운 이웃을 위해 쓰여졌으면 합니다. 새해 복 많이 받으십시오...
하늘에 계신 어머님께 '존경합니다', '사랑합니다' 라고 전하고 싶습니다."

지난 해 12월 28일 전북 전주시 완산구 노송동 주민센터에 26만 5,920원의 동전으로 가득 찬 저금통을 비롯, 모두 8,026만 5,920원의 성금과 함께 전달된 익명의 편지입니다. 이 숨은 천사는 "불우한 이웃에게 작은 정성을 나누어 줄 수 있어 행복합니다"는 메시지와 함께 2000년부터 한 해도 거르지 않고 10년 째 총 1억 6,000여만원의 성금을 전해왔다고 합니다.

우리 고장 아산에도 숨은 천사의 온정이 우리를 훈훈하게 해주고 있습니다. 지난 28일 아산 신창면사무소에 "어려운 장애인들에게 따뜻한 겨울을 날 수 있도록 작은 보탬을 주고 싶다"는 전화와 함께 그 분의 자녀로 보이는 20대 초반의 젊은 자매를 통해 성금 200만원을 전해왔다고 합니다.

이름 없이 선행을 베풀면서도 스스로 행복하다는 숨은 천사 분들의 숭고한 마음을 가슴 깊이 새기며 감사하고 숙연한 마음으로 경인년 새해를 맞고자 합니다.

대한민국 국민 여러분, 감사합니다

먼저 대한민국 국민의 한 사람으로서 감사의 인사를 올리고 싶습니다. 지난 연말 400억 달러 규모의 UAE 원전 수주를 위해 노심초사 노력하신 이명박 대통령님께 감사합니다. 아울러 1971년 고리원자력 1호기로부터 피땀으로 쌓아온 수많은 과학자, 연구원, 기술자 여러분의 노고에 깊은 감사의 절을 올립니다. 당신들의 노고가 있었기에 오늘 우리 대한민국은 세계 속의 원전기술 강국을 열 수 있었습니다.

우리 대한민국이 60여년 만에 원조수혜국에서 원조를 하는 나라로 발돋움했음 또한 감사합니다. 우리는 지난 11월 OECD

개발원조위원회의 24번째 가입국이 되었습니다. 아시아 국가로는 두 번째, 원조수혜국에서 원조공여국이 된 것은 아시아에서 첫 번째입니다. 숨은 천사님 편지글의 어머님처럼 허리띠를 졸라매고 새벽부터 늦은 밤까지 땀흘리며 근검절약하신 우리 부모님, 그리고 근로자분들의 노고가 있었기에 오늘 우리 대한민국은 이제 어려운 나라를 도울 수 있게 되었습니다.

세계경제를 이끄는 G20의장국이 된 것도, 또한 세계적인 금융위기를 가장 먼저 극복한 나라로 평가받는 것도 감사할 일입니다. 구조조정에 앞장섰던 우리 기업들의 노력, 그리고 실업의 고통을 감수해야 했던 우리 근로자 여러분의 희생이 있었기에 대한민국은 위기를 이겨내고 다시 세계경제를 향해 내달릴 수 있게 되었습니다.

이제 새해를 맞으면서 잊지 말아야 할 것은 오늘 우리 대한민국이 있기까지 피땀과 희생으로 기여해오신 국민 여러분께 꼭 보답드리는 일입니다.

국민 여러분 한 분의 나뭇잎이 흔들릴 때...

국민 여러분들의 노고와 희생을 생각하면서 청년시절 제 정신을 일깨워주셨던 고향 아산의 선배이신 이어령 전 문화부 장관님의 '하나의 나뭇잎이 흔들릴 때' 라는 글을 되새깁니다.

"하나의 나뭇잎이 흔들릴 때 나는 어디로 가야 하는가를 들었다. 다시 대지를 향해서 나뭇잎은 떨어져야 한다. 어둡고 거칠고 색채가 죽어버린 흙 속으로 떨어지는 나뭇잎을 본다. 피가 뜨거워도 죽는 이유를 나뭇잎들은 우리에게 가르쳐 준다. 생명의 아픔과 생명의 흔들림이 망각의 땅을 향해 묻히는 그 이유를, 그것들은 말한다. 거부하지 말라.

하나의 나뭇잎이 흔들릴 때 대지는 더 무거워진다. 눈에 보이지 않는 끈끈한 인력이 나뭇잎을 유혹한다. 언어가 아니라 나뭇잎은 이 땅의 리듬에서 눈을 뜨고 눈을 감는다. 별들의 운행과 나뭇잎의 파동은 같은 질서 속에서 움직이고 있음을 우리는 안다." – 이어령, '하나의 나뭇잎이 흔들릴 때' 중에서

국민 여러분께서는 하나의 나뭇잎으로 흔들리면서, 그리고 뜨거운 피로 흙 속으로 희생과 헌신으로 몸던짐으로써 우리가 어디로 가야 하는지를 가르쳐 주었습니다. 그리고 그 노고 위에

비로소 오늘 우리 대한민국은 세계를 향한 희망의 길을 열 수 있었습니다.

이제 우리가 잊지 말아야 할 것은 우리 대한민국이라는 별의 명운이 국민 여러분 한 분, 한 분 나뭇잎의 흔들림과 같은 질서 속에서 움직이고 있다는 사실을 알고 실천하는 일입니다.

나라가 부흥하되 국민이 절망과 빈곤에 허덕인다면 정부와 정치는 국민이 위임한 사명을 저버리는 것입 니다. 기업이 흥하되 근로자와 고객을 외면한다면 결국 기업의 운명도 스러지고 말 것입니다.

국민 여러분의 생존과 안녕은 대한민국이라는 대지의 리듬 위에서 눈을 뜨고, 또 눈을 감는다는 사실을 깊이 새겨야 합니다.

오늘 우리 대한민국이 세계경제 속으로 다시 힘차게 일어설 수 있었던 것은 바로 숨은 천사와도 같이 묵묵히 스스로를 희생하고 헌신해온 국민 여러분의 힘이었다는 사실을 알고 이제 그 값진 노고에 참된 보답을 해드려야 합니다.

"고맙습니다. 존경합니다. 사랑합니다."

이제 경인년 새아침이 밝아오고 있습니다. 오늘은 우리 부모님 세대의 숨은 사랑이 물려 주신 값진 선물입니다. 오늘은 이름 없이 봉사하고 헌신하신 우리 대한민국 국민들께서 주신 소중한 선물입니다. 또한 오늘은 묵묵히 자신의 일터와 삶터에서 근면하게 땀흘려 일하신 대한민국 국민 여러분께서 주신 선물이자 희망의 대한민국을 향한 약속입니다.

정말 고맙습니다. 존경합니다. 그리고 사랑합니다.

새해에는 국민 여러분의 노고와 헌신에 조금이나마 보답할 수 있기를 다짐하면서 오늘은 바로 여러분께서 주신 소중한 선물임을 다시 한 번 가슴 깊이 새깁니다.

새해 복 많이 받으시고 변함없는 이끌어주심 바라겠습니다.

영원한 젊음

늘푸른 대한민국

2011년 2월 봄을 기다리며 쓰다.

설을 지내면 새봄입니다. 겨울을 나는 늘푸른 소나무를 우러릅니다. 또한 겨울을 앞질러 꽃망울을 터뜨리는 매화를 기다립니다. 계절의 섭리를 견뎌내고 계절을 앞서가는 소나무와 매화. 우리 선조들은 이러한 소나무와 매화의 모습에서 세파에 휩쓸리지 않고 늘 깨어있는 절의를 높이 받들고 본받았습니다. 저는 이러한 우리의 정신을 '젊은 대한민국' 의 모습으로 이어가고 '새로운 대한민국' 으로 창조하고 싶습니다.

오늘 세계를 움직이는 나라들의 힘이 어디에서 왔는지 곰곰이 생각해 볼 때가 있습니다. 미국을 생각하면 저는 '영원한 젊음(Foever young)' 이란 팝송이 떠오릅니다. 대중가수로는 처음 노벨 문학상 후보로도 오른 밥 딜런이 불렀고 수십 년 동안 미국인들에게 사랑받아온 국민가요입니다.

May God bless and keep you always.	신의 축복과 가호가 네게 늘 깃들기를
May your wishes all come true.	네 바램들이 다 이루어지기를
May you always do for others.	네가 항상 남을 위해 행하고
And let others do for you.	남들이 너를 위하게 하기를
May you build a ladder to the stars.	네가 별들을 향한 사다리를 만들어
And climb on every rung.	한 계단 한 계단 오르기를
May you stay forever young.	네가 영원히 젊음으로 남기를
Forever young, forever young.	영원한 젊음, 영원한 젊음
– Forever Young by Bob Dylan	'밥딜런의 영원한 젊음' 중에서

우리는 때로 침략적이고 패권주의적인 미국의 모습에 실망하기도 하지만, 이 음악에 담긴 휴머니즘에 바탕하여 다음 세대를 향한 봉사와 도전의 정신과도 같은 미국인들의 건강한 국민정신이 오늘날 세계를 움직이는 미국의 힘이 되지 않았나 생각합니다.

오늘날 G2라 불리며 새로운 세계강국으로 떠오르는 중국은 덩샤오핑 이후 개방정책을 표방하면서 공산주의 체제에서 금기시하던 공자 사상에 다시 주목했습니다. 그리고 오늘날 중국의 세계화 전략의 중심에 중화사상의 원류인 유가사상의 인본주의, 그중에서도 사람다움의 '예(禮)'를 중시했던 공자 문화를 세계인에게 알림으로써 중화문화 세계화에 앞장서고 있습니다.

세계는 이처럼 자국이 가지고 있는 인류의 보편적인 가치인 인본주의, 즉 휴머니즘의 전통을 앞세워 지구촌 경영에 나서고 있습니다. 스페인의 세르반테스문화원, 중국문화원의 공자학원, 독일의 괴테인스티튜드 등이 바로 그것입니다. 이들의 공통점은 바로 시대와 세기를 초월한 공존과 젊음의 정신이 아닌가 생각합니다.

저는 지난 해 봄 꼭 한 번 듣고 싶은 강의가 있었습니다. 동아시아연구원(EAI)에서 서울대 하영선 교수 중심으로 행해진 '역사 속의 젊은 그들'이라는 제하의 청소년 강좌였습니다. '18세기 실학파에서 21세기 복합파'라는 부제 아래 진행된 이 강좌는 중국과의 오랜 전통적 관계 속에서 우리 고유의 정체성을 바로 세우며 새로운 동북아 질서를 꿈꾸었던 역사 속의 선각자들을 '젊은 그들'이라 칭하며 오늘 우리 대한민국 현실의 귀감으로 되새기고 있습니다. 인터넷으로 본 하영선 교수의 첫 강의는 지난 해 봄 우리 국민을 열광시키며 세계 피겨스케이팅의 표준을 창조한 김연아 선수와도 같은 대한민국의 모습을 '젊은 그들'이라 한 반면, 여의도를 비롯한 우리 지도층을 '늙은 그들' 이라 비판하며 강의를 시작했습니다. 저 또한 정치인의 한 사람이지만 하 교수의 지적과 비판에 전적으로 공감합니다.

단적인 예로 세계경제포럼(WEF: World Ecomomic Forum) 국가경쟁력 평가를 들 수 있습니다. 우리나라가 조사대상 139개국 중에서 22위를 기록했지만 4년 만에 20위권 밖으로 밀려난 것이고 이는 지난해 133개국 중 19위보다 3단계 하락한 결과였습니다. 이명박 정부가 G20을 유치하면서 우리나라가 세계경제의 주도국으로 성장했다고 자화자찬하고 있는 우리 국가경쟁력의 현주소는 초라한 모습이었고 국가경쟁력 하락의 주요 요인은 '여의 도' 로 상징되는 국회와 '청와대' 로 상징되는 공공부문에 있었 습니다. 우리나라는 '정책결정의 투명성' 에서 111위, '정치인 에 대한 신뢰' 105위, '정부규제 부담' 108위를 기록하는 등 공공부문과 제도적 평가부문이 지난 해 53위에서 62위로 하락 했습니다.

저 자신 정치인으로 책임을 통감하고 반성하면서 160여년 전 '역사 속의 젊은 그들' 중 한 분이었던 박지원의 열하일기 한 대목을 생각합니다. 열하일기 중 '옥갑야화' 라는 대목에 허생전이 나옵니다. 허생전은 중국을 찾은 박지원이 진보적인 중국의 학자들과 동북아 교류의 중요성을 토론하면서 나오는 예화의 한 대목입니다. 허생은 조선경제의 취약점인 공정거래의 허점을 이용해서 독과점으로 많은 돈을 번 후 변 부자에게 빌린 돈을 갚은 다음 남은 돈으로 식량과 농기구를 마련해서 부랑민들과 함께 섬으로 들어갑니다. 그리고 농사를 지어 거둔 풍요로운 곡식으로 대기근에 시달리던 일본과 교역을 합니다. 허생의 조선은 곡식을, 일본은 은을 교역했던 것입니다.

만약 160여년 전 박지원과 중국의 학자들이 밤새워 토론했던 평화적인 동북아 교류와 경제교역이 활성화되었다면 20세기초 비극적인 침략과 제국주의의 전쟁이 동북아를 휩쓰는 일은 없었을지도 모릅니다. 나아가 1910년 경술국치도, 중일전쟁도, 태평양 전쟁도 없었을지 모릅니다.

이러한 박지원의 동북아 구상의 연장선상에 안중근 의사의 '동양평화론'이 있고, 오늘 우리가 이뤄나가야 할 동북아의 평화적이면서도 풍요로운 미래를 향한 동북아 국제교류와 상호공존의 과제가 있다는 생각입니다.

2011년 한 해를 여는 새봄입니다. 우리 대한민국의 젊은 모습을 생각합니다. 얼마 전 드라마 시크릿 가든에서 인기가 절정인 젊은 나이에 해병대에 자원입대한 현빈 군 생각이 납니다. 아니 연평도, 천안함 사건의 위험에도 불구하고 다투어 해병대에 자원입대하려는 우리 젊은이들의 아름다운 모습들이 떠오릅니다. 가난과 배고픔의 질곡을 이기며 우리 세대를 가르치고 길러주신 어르신들, 일제와 6.25의 고통 속에서 조국과 민족을 위해 산화하거나 몸바쳐 우리를 지켜주신 호국 보훈의 어르신들. 모두 오늘 우리 대한민국을 새롭게 해오신 '젊은 그들' 입니다.

진정 힘있는 대한민국을 만드는 길, 그리하여 대한민국을 160년 전 '젊은 그들' 의 여망이었던 동북아 평화와 공존의 중심으로 가꾸어 가는 힘은 바로 늘푸른 젊음에 있다는 깨달음입니다.

저부터 늙고 병든 정신을 고치겠습니다. 새봄 새로운 각오로 '젊은 대한민국' 을 향해 나아가는 젊은 정치에 땀흘리겠습니다.

"꽃잎처럼 아름답던
충성대로 추억여행을 떠납니다"

존경하는 P형께,

P형의 연락을 받고 20년 전 추억의 열차에 오릅니다. 차창을 스치는 풍경에는 벌써 봄의 전령이 묵은 잿빛 들판을 딛고 속속 푸른 새싹으로 다가와 있습니다.

추억의 여행을 나서는 기쁨보다는 요즘 백령도 '천안함'의 비보, 그리고 엊그제 한 준위님의 영결식 소식에 무거운 가슴으로 하늘을 우러르며, 제 마음 또한 한 때 조국의 부름에 청춘을 사르던 경북 영천 육군3사관학교 교관 시절로 달려가고 있었습니다. 이 봄 조국과 국민을 위해 한 떨기 꽃잎처럼 아름다이 져간 영령들께 삼가 명복을 비는 마음이 앞섭니다.

문득 '낙화유수(落花流水)' 라는 4자성구가 되뇌어집니다. 제가 육군3사관학교와 첫 인연을 맺은 것은 행정학과 교수 공모에 응모해서 시범강의를 하던 날이었습니다. 당시 교장이던 한인수 장군을 비롯한 평가위원들 앞에서 저는 '낙화유수(落花流水)' 라는

4자성구로 강의를 시작했습니다.

인생은 마치 물 위에 던져진 한 점 꽃잎과도 같음을 비유하면서 젊음을 소중하게 가꾸자는 요지의 강의였던 것으로 기억합니다. 모두들 50분 강의를 마치고서야 평가가 이루어졌지만 저는 강의 첫머리 즈음에 "그만, 됐어" 라는 말씀을 들었고 교수로 임용되었던 기억이 납니다.

이제 20여년이 지난 오늘 다시 조국을 위해 한 점 꽃잎처럼 몸던져간 젊은 넋들을 추모하며 중국 당(唐)나라의 시인 고변이 지었다는 한시(漢詩) 〈방은자불우(訪隱者不遇) ; 숨어사는 이를 방문하였으나 만나지 못하였다는 제목의 시〉 원문을 새삼 되새겨 봅니다.

"떨어지는 꽃이 강물 위로 흐르는 데서 넓은 세상을 알고
(落花流水認天台)
술에 반쯤 취하여 한가하게 읊으며 혼자서 왔다.
(半醉閑吟獨自來)"

P형, 우리가 청춘을 던졌던 충성대 앞 교정에 우리 키만 했던 벚나무가 자라 이제 4월이면 벚꽃축제를 할 정도로 자랐다 하니 세월이 흐르긴 흐른 모양입니다. 봄이면 육군3사관학교 시절이 더욱 그리운 것은 순수함 하나만으로 함께 했던 추억 때문이 아닌가

생각됩니다.

우리는 다양한 전공을 가졌으나 조국의 부름을 받았다는 한 가지 목적 아래 육군사관학교 못지 않은 구국의 간성을 양성해야 한다는 소명감으로 함께 했습니다. 그 시절이 더욱 소중한 것은 인문학과 경영학 등 다양한 전공의 젊은 인재들과 함께 할 수 있었다는 점이었습니다.

여가시간이면 막걸리 한 잔 나누며 서로 다양한 분야의 식견과 전공을 바탕으로 열띤 토론을 하면서 밤을 지새던 추억, 우리는 그 소중한 시간을 통해 평생토록 유용하게 세상을 살고 내일을 내다볼 수 있는 정신적 양분을 흠뻑 섭취했던 것 같습니다.

우리가 나누며 키운 것은 지식과 식견만이 아니었습니다. 젊음과 열정으로 아름다운 추억을 가꾸고 간직할 수 있었습니다. 우리는 잠시 엄중한 군률과 기강에서 벗어나는 외출시간이면 가까운 영천시내로 달려가곤 했습니다.

교수부 카니발을 준비하며 설레던 추억도 새롭습니다. 교수부장님께선 파트너가 없던 동료들에게 카니발 시작 전까지 호숫가 앞으로 짝을 구해 모일 것을 명령했고, 우리는 영천 시내에 흩어져 수줍음에 얼굴을 붉히며 화장품 가게와 학원, 또 아가씨들이 잘가는 양품점, 미용실 등을 기웃거리던 추억이 발그레 떠오릅니다.

휴일이면 찾아가던 영천의 명소들도 기억에 새롭습니다. 정몽주 선생의 충절이 어린 임고서원, 그리고 금호강가를 지키던 조영각, 때론 회재 이언적 선생을 배향한 경주의 옥산서원까지도 우리 젊은 날의 순례지였습니다.

봄이면 사과꽃이 은빛 내처럼 산자락을 수놓던 사과의 고장 영천, 봄비라도 한줄금 지나가면 호숫가에, 또 금호강가에 속절없이 흐르던 꽃잎들, 그 꽃잎은 흐르고 흘러 어디론가 갔겠지만 우리는 그 봄 그 젊음의 추억을 양분으로 오늘 이렇게 저마다 보람을 가꾸는 지천명의 나이에 이르러 있습니다.

상념에 잠긴 사이 이제 추억의 열차에서 내려야 할 시간입니다. 벌써 동대구역입니다. 이젠 KTX로 채 2시간 만에 도착하겠군요. 동대구역에서 전철을 이용해 터미널로 가서 시외버스를 타면 4차선으로 확장된 길을 따라 단숨에 고경면 창하리 육군3사관학교까지 이른다 합니다.

6.25 동란 당시 낙동강 전선을 사수했던 영천의 젊은 학도병과 참전 장병 선배님들을 늘 가슴에 새기며 청춘을 살랐던 육군3사관학교 행정학과 교수 시절. 오늘 다시 그 젊음의 꽃잎을 새로이 만나는 듯하여 감회가 새롭습니다.

P형, 육군3사관학교는 오늘도 변함없이 구국간성을 향한 청년들의 웅혼한 기상으로 넘쳐나겠지요. 가끔씩 뉴스를 접할 때는 여성장교들도 많아졌고 교육시설도 현대화되었다는 소식을 접하곤 합니다.

P형, 만일 후배들에게 우리 젊은 날의 추억을 말씀해주실 기회가 있다면 지금 이 순간이 단지 조국을 위한 시간일 뿐만이 아니라 인생의 풍요로움과 정신의 근기(根氣)를 바로 세우는 소중한 시간이라는 점을 전해주시기 바랍니다. 그리하여 낙화유수의 한시 구절처럼 더 넓은 세상을 향한 소중한 나날을 만들어나가길 기원한다는 마음 함께 전해 주시면 고맙겠습니다.

이제 곧 4월 중순경이면 우리가 땀흘리며 달리던 충성대 벚꽃길에서 한마당 축제가 열린다는 소식입니다. 멀지 않은 날 꼭 한 번 가족과 함께 충성대를 비롯한 교정을 찾아 P형의 밝고 굳센 모습 다시 뵙고 싶습니다. 평생 조국을 위한 사명으로 달려오신 P형의 앞날에 무운과 건승 함께 하시길 기원하면서 이만 맺습니다.

2010년 4월
영천 금호강변 사과꽃 그리메 그리운 봄날
국회의원 이명수 드림.

대한민국

군인의 정신과 참모습

어릴 적 국군의 날이 가까우면 '국군장병 형님들께' 로 시작하던 위문편지를 쓰곤 했다. 청년이 되어선 육군 초급 장교로 임관, 육군3사관학교 교관으로 군복무를 마쳤고 이후에는 예비군으로, 또 지금은 재향군인의 일원으로서 미력하나마 나름의 소신으로 조국을 향한 소명을 생각하며 살아가고 있다. 그리고 이제 아들을 군에 보내야 할 나이가 되어서 우리 대한민국 군인의 참모습을 생각한다.

오늘날 우리 대한민국에는 군인과 관련된 기념일이 여러 개 있다. 먼저 10월 1일 국군의 날. 이 날은 6.26 전쟁 당시 낙동강 전선까지 밀렸던 우리 국군이 50년 10월 1일 육군 3사단 23연대 병사들이 강원 양양 지역에서 최초로 38선을 넘어 북진한 날을 기념, 1956년부터 각 군별 기념일 행사를 통합하여 국방부가 주관하는 국군의 날로 기려오고 있다. 또 4월 첫 째 금요일은 향토예비군의 날(국방부), 10월 8일은 재향군인의 날(국가보훈처)

등이 있고, 6월 1일은 의병의 날(행정안전부)로 정하여 기리고 있다.

최근에는 상해임시정부의 법통을 계승한다는 헌법 전문과 대한민국 건국 정신에 바탕하여 1940년 대한민국 임시정부의 정규군으로 항일 전선에 참전한 광복군의 창설일인 9월 17일을 국군의 날로 제정하자는 여론도 제기되고 있다.

대한민국 국방과 안보의 일선에서 땀흘리는 우리 대한미국 국군의 상징인 국군의 날을 언제로 할 것인가는 대한민국의 국가 정통성과 관련하여 중요한 사안이다. 따라서 우리 민족을 어려움에서 구했던 의병으로부터 상해임시정부의 법통을 고려한 광복군, 또 국가 수립 이후 조국을 위해 몸바쳐온 재향군인과 향토예비군 등 대한민국의 군인과 관련된 국가기념일을 정비하고 좀더 뜻깊은 기념일로 승화시켜야 한다는 생각이다.

하지만 그보다 우선해야 할 것이 바로 우리 민족 대대로 내려온 상무(尙武) 정신에 바탕한 군인 정신을 바로 세우고 북돋는 일이다. 우리 민족은 오천년 역사 이래 수많은 외침의 위기에서 민족의 정기와 안위를 지켜온 상무정신(尙武精神)을 계승해왔다.

고구려의 상무정신은 간도 땅을 호령하며 수나라와 당나라의 외침을 물리쳤고 이후 발해의 정신으로 계승되었다. 또한 삼국통일을 이룩한 화랑의 상무정신은 민족의 정기로 이어져왔다. 이러한 상무정신의 전통은 고려와 조선을 거치며 이 충무공의 호국정신으로, 또한 꼭 나라에서 봉록을 받는 군인이 아니더라도 외적의 침략이 있을 때마다 분연히 일어선 의병의 전통으로 면면히 계승되었다.

1940년 상해임시정부 산하에 공식 창설, 일제에 선전포고를 하고 중국 미국 등과 연합작전을 수행했던 광복군 간부들과 김구 선생의 모습. 우리 대한민국 군인 정신에는 이렇듯 숭고한 광복군의 정신 또한 면면히 흐흐고 있음을 잊지 말아야 한다. (사진 독립기념관)

상무정신을 꽃피운 시기는 아이러니컬하게도 가장 암울했던 국권 상실기였다. 근대에 이르러 대한(大韓)의 군인의 정신을 외친 분 중 한 분이 바로 안중근 열사이다. 안중근 의사는 이토오 히로부미를 사살한 후 뤼순 감옥에서 순국 직전인 1910년 3월 26일 '위국헌신 군인본분(爲國獻身 軍人本分)' 이라는 휘호를 남겼다. 약지를 끊어 조국사랑을 맹세했던 굳은 의지가 담긴 단지혈서(斷指血書)의 손바닥 장인(掌印)까지 선명히 찍힌 이 휘호에는 비록 의병으로서였지만 한국 군인으로서의 정신이 고스란히 담겨 오늘에 전한다. 안중근 의사의 직함은 대한의군 참모중장이었다.

우리 민족의 독립정신을 세계 만방에 고한 3.1운동 직후 상해임시정부를 수립했고 이듬해인 1920년 우리 독립군은 홍범도 장군의 봉오동 전투, 뒤이어 홍범도 장군과 김좌진 장군이 연합한 청산리 전투의 빛나는 승리를 기록한다. 그리고 극악한 일본군의 정벌과 탄압을 이겨내며 1940년 지청천, 이범석 장군을 중심으로 광복군이 출범, 1945년 광복에 이르기까지 대일 선전포고와 함께 대한민국 군인정신의 맥을 잇는다. 1945년 5월 광복군은 미국 정보기관인 OSS(Office of Strategic Services)와 제휴하여 한반도 진입을 위한 '독수리 작전' 에 김준엽, 장준하 같은 민족주의 열사들이 광복군의 일원으로 참여하기도 했다.

이러한 광복군의 활동은 일본의 무조건 항복으로 자주 광복의 결실을 맺지 못한 채 1945년 8월 15일 광복을 맞았고 미군정 하에서 해외에서 귀환한 광복군, 만주군, 좌우익 계열의 여러 군사단체의 난립으로 이어졌다. 미군정 당국은 1945년 11월 국방사령부를 설치하고 국군 창설에 착수, 1946년 1월15일 남조선국방경비대를 정식으로 창설하였다. 뒤이어 미군정은 1946년 1월 21일 그동안 활동을 묵인해오던 모든 사설군사단체를 해산했고 우익 인사들 대부분은 국방경비대에 차례로 입대하였다.

1948년 8월15일 대한민국 정부가 수립되자 국방경비대는 대한민국 국군으로 정식 발족하였으며, 발족 이후 미군정 당시 조선경비대는 육군으로, 1945년 11월 11일 해군의 전신인 조선해안경비대의 해안경비대는 해군으로 편입하였다. 1949년 4월15일 진해에서 해군 예하부대의 하나로 해병대를 창설하였으며, 1949년 10월 1일에는 육군 항공대에서 공군이 독립하였다. (이상 광복 이후 국군 창설 과정, 「국방사(國防史)」, 국방부, 1984) 이후 우리 대한민국 국군은 자유와 평화를 지원한 UN군과 연합하여 6.25를 이겨내면서 대한민국 국군의 모습으로 오늘에 이르고 있다.

대한민국 국민으로 살아가면서 한시도 국군, 즉 국토방위의 소중한 의무에서 한시도 떠날 수 없다. 국방은 신성한 국민의 의무인 동시에 사명이기도 하다. 나 자신 육군 초급장교로 복무한 이후 예비군, 또 재향군인 등의 일원으로 크던 작던 간에 군인 정신을 간직하며 살아왔다. 그리고 군인 정신의 첫 머리에는 늘 대한민국이라는 조국, 또 대한국인이라는 자부감이 함께 해왔다.

어릴 적부터 현충사를 찾아 이 충무공의 상무정신을 본받으며 자랐고 초급장교로 훈련을 받은 곳이 '상무대(尙武臺)' 였다. 공직에 근무하면서 국가보훈 업무나 민방위를 비롯한 안전업무를 수행하면서도 그 바탕에는 항상 상무정신을 되새겼다.

육군 중위로 복무하던 시절.
육군3사관학교 충성대에서
젊음을 사르며
함께 뛰고 땀흘리던 시절은
평생 뜨겁고 값진 추억으로
남아 있다.

어릴 적부터 때가 되면 군인이 되어 고향을 떠나는 일가친척과 동네 형들을 자랑스러워하며 위문편지를 썼고, 나또한 고사리 손으로 써보낸 위문편지에 감사하는 답장을 쓰면서 군인의 모습을 자랑스러워 했었다. 세월이 흘러 후배들과 친척 동생들의 군생활을 격려하면서 군생활을 자랑스럽게 추억했었고, 이제 내 아들 또한 당당한 대한민국 군인으로 복무하기를 바라는 아비가 되었다.

그리고 오늘 이 시간에도 전후방에서 젊음을 바쳐 조국 수호의 일선에서 땀흘리는 후배 장병들의 노고에 진심어린 감사의 마음을 새긴다. 일부 어르신들은 요즘 젊은 세대의 국가관과 군복무를 기피하려는 일부의 풍조에 우려하기도 한다. 하지만 나는 믿는다. 천안함 사태 이후 어렵고 힘들다는 해병대 근무를 자원하는 우리 청년 후배들이 더 늘어났다는 고마운 소식이 들려오지 않는가.

이제 젊은 우리 청년 후배들께 우리 선열들이 피땀으로 물려주신 상무정신(尙武精神)과 더불어 안중근 의사께서 남기신 '위국헌신 군인본분(爲國獻身 軍人本分)'의 휘호를 새기며 그 숭고한 대한민국 군인 정신의 참뜻과 참모습을 나누고 싶다.

청산리대장정

그 빛나는 뜻과 길을 따라서

해마다 삼일절과 광복절이면 가슴 시리게 생각나는 분들이 있습니다. 아니 일년 삼백육십오일 우리가 잊고 있는 사이에도 저 하늘의 빛나는 별처럼 우리를 비춰주시는 분들이 있습니다. 바로 독립열사들을 비롯한 호국 영령분들이십니다. 문득 밤하늘의 별들을 바라봅니다. 우리나라가 일제강점기에 처해 있던 상황은 그야말로 암흑과 같은 밤이었을 것입니다. 그때 독립운동가, 애국지사, 열사, 의사(義士)분들이 별과 같이 밤을 밝혀주고 깨워주고 광복으로 이끌어주셨습니다.

우리 민족의 암흑기를 밝혀주신 분들 중에 백야(白冶) 김좌진(金佐鎭) 장군을 다시 생각해 봅니다. 지난 2010년 여름 그 분의 뜻과 행적을 기리는 청산리 대장정을 다녀왔습니다.

독립운동사상 한 분의 의거, 혹은 거사로 역사의 흐름과 방향을 크게 바꾸어 놓은 일들이 적지 않습니다. 유관순, 안중근, 윤봉길 열사 등이 그러한 분들이십니다. 물론, 거사 혹은 의거에 이르기까지의 과정과 배경 속엔 김구 선생을 비롯한 많은 분들의 숨은 의지와 땀과 피눈물이 짙게 배어있습니다. 그러한 역사의 행적 중에서도 김좌진 장군의 청산리 전투는 특히 항일 무력투쟁사에서 빛나는 별처럼 자리 잡고 있습니다.

2010년은 1920년 청산리 독립전쟁의 승전고가 만주벌판에 울려퍼진지 꼭 90주년 되는 해였습니다. 또 1930년 청산리대첩의 승전 영웅 김좌진 장군이 순국한 지도 꼭 80주년이 되는 뜻깊은 때였습니다.

백야 김좌진 장군의 친손녀인 김을동 의원님은 국회 본회의장 바로 옆 좌석에서 늘 함께 의정활동을 하는 인연, 저는 지난 해 여름 김을동 의원님과 (사)백야 김좌진장군 기념사업회에서 주관하는 청산리대장정에 참여했습니다. 청산리대장정은 백야 김좌진 장군의 외증손이자 김 의원님의 아들인 송일국 씨가 2010년까지 9회째 대장정을 주도해 더욱 뜻깊은 행사로 자리잡아가고 있습니다. 다음은 2010년 여름 김을동 의원님과 송일국 씨를 비롯 50여 청년 학생들과 함께 한 청산리대장정의 기록입니다.

김좌진 장군의 친손녀인 김을동 의원은 2005년 헤이룽장성 하이린 시에서 '한 · 중 우의공원'으로 불리는 김좌진 장군 기념관을 건립하여 중국내 현충사업의 첫발을 내딛어 왔다.

길림성(吉林省) 화룡(和龍)현 청산리 항일대첩 기념비 앞에서 존경하는 선배 의원이자 김좌진 장군의 손녀인 김을동 의원님과 함께 독립군가를 부르며 김좌진 장군을 비롯한 독립군 선열들의 자취를 되새겼다.

공직에 근무할 때부터 흠모하던 우리 고장 충남 홍성 출신 김좌진 장군의 역사적인 전적지를 이제야 가보는 내 자신에 대한 반성이 앞섰다.

김 의원의 아들이자 인기 연기인 송일국 씨 역시 모친 김 의원의 뜻을 따라 외증조부인 김좌진 장군의 뜻을 기리는데 앞장서왔다. 전국에서 공모로 선발된 대학생 50여명이 우리 일행보다 일주일여 앞서 대장정을 나섰고 우리는 길림성 일정부터 합류했다.

시간이 돈보다 소중한 인기 연예인이 만사를 젖혀놓고 이렇게 여러 날 동안 함께 땀 흘린다는 것이 쉽지 않아 보였다. '주몽' 등 텔레비전 드라마에서만 보다가 실제로 만나 대장정 일전을 함께 해보니 큰 키에 훤칠한 인물은 말할 나위가 없고, 수수하며 겸손한 성품과 행동거지가 더 맘에 들었다. 송일국 씨가 깃발을 들고 장정의 맨 앞에 설 때는 정말 고구려의 기상을 이은 독립군의 맥박이 살아 뛰는 듯 힘차고 드높은 기개가 전해왔다.

먼저 길림성(吉林省) 화룡(和龍)현의 청산리 항일 대첩 기념비를 찾았다. 김좌진 장군 휘하의 북로군정서 독립군과 홍범도 장군 등 부대원 1,500여 명이 당시 일본 정규군 50,000 여명과의 전투에서 3,300여명을 살상한 유례없는 대승전지임을 새삼 확인하게 된다. 당시 청산리 대첩은 중국과 동남아로 진주하던 일본군의 간담을 서늘케 했다니 당시의 통열함이 그대로 전해오는 듯하다. 하지만, 지금도 낯선 들길, 산길을 따라 한참을 가야 닿을 수 있는 오지이니 그 때인들 춥고 배고프고 힘들고 오죽했으랴. 2001년 국가 보훈처와 광복회에서 세운 청산리 대첩 기념비가 이국 땅에 외로이 서 있다.

높이 17m 넓이 25m 규모의 기념비 속에, 오로지 조국을 되찾고자는 일념으로 목숨 바쳤던 독립군의 살신성인(殺身成仁) 정신이 단단하게 새겨져 있었다. 90년이 지난 오늘 우리는 그저 숙연히 머리 숙여 추모와 흠모의 염을 올릴 뿐이다. 메아리 없는 노래이지만 주먹을 쥐고 입을 모아 '독립군가' 를 힘차게 불러보았다.

신 대한국 독립군의 백만 용사야, 조국의 부르심을 네가 아느냐,

삼천리 삼천만의 우리 동포들 건질 이 너와 나로다.

나가 나가 싸우러 나가. 나가 나가 싸우러 나가.

독립문의 자유종이 울릴 때까지 싸우러 나아가세.

다시 발길을 옮겨 백야 김좌진 장군 기념관을 둘러본다. 국가보훈처와 김좌진 장군 기념사업처가 30억 원을 들여 개관한 기념관은 부지 1만7천여㎡에 건축면적 4400㎡로 의미 있는 공간이다. 만주지역 항일 투쟁역사관(지상2층 지하1층)과 백야관(지상2층)으로 나뉘어 생생한 역사의 현장을 한 곳에 모아 놓았다.

역사관은 모두 5개로 구성되어 한 민족의 동부이주 및 독립전쟁 준비과정, 전개내용, 독립운동 재정비 및 항일투쟁,

한 · 중 양측의 항일연대 활동 등을 체계적으로 소개하고 있었다. 이런 기념관이 중국 해림시 한 복판에 세워져 있다는 그 자체가 자랑스러웠고, 부설 조선족 초등학교 어린이들의 수준 높은 공연이 애국혼으로 더워진 가슴을 더욱 뜨겁게 해주었다. 멀리 북경에서 일부러 달려와 찬조 공연을 해준 탤런트 장나라 씨 역시 평소 연예인으로서의 모습에 나라 사랑의 그 마음이 더해져 훨씬 아름다워 보였다.

2010년 여름 제9회 청산리대장정에는 송일국 씨가 맨 앞장을 섰고, 중국에서 한류 스타로 활동하는 장나라 씨가 먼 길을 마다않고 오지까지 찾아와 해림초등학교 어린이들과 함께 찬조공연을 해주어 아름다운 감동의 모습을 보여주었다.

해림 시내에서, 영웅의 발자취를 좇아 시골 지역인 산시진 지역으로 이동했다. 대한독립군단 총사령관 김좌진 장군이 마지막까지 거주하시던 곳이고 순국하신 장소이기도 하다. 김 장군은 청산리 전투 이후 보다 적극적이고 효과적인 항일 투쟁을 위해 1925년 '신민부'를 결성하고 독립군 간부 양성소인 '성동사관학교'를 설립하는 등 활발한 활동을 펼치게 된다.

특히, 1927년 이후 김 장군은 이곳 산시진에 정착해서 '금성정미소'를 열어 군(軍)자금을 마련하는 한편 '한족총연합회'를 구성하여 모든 독립운동 단체들의 통합에 전력을 기울인다. 이러한 중에 공산주의자 박상실에 의해 암살되어 순국했다는 설명을 다시 들으며 분개심이 솟구치지 않을 수 없다. 일본군이 아닌 조선족이 쏜 총탄에 의해 그 장엄한 항일 독립운동의 장(章)을 종결케 되었다니 참으로 분하고 개탄스런 감정이 끝없이 일어난다.

장군께서 순국 당시 겨우 42세, 장례식은 많은 중국인들까지 애도하는 가운데 성대히 치러졌고, 만주 땅에 우선 안장되었다 한다. 1934년 부인 오숙근 여사의 기지로 유해를 방물장수로 위장해서 비밀리에 홍성 서부면에 밀장(密葬)한 후 아들 김두한 의원에 의해 보령시 청소면 현 위치에 합장되었다는 설명을 들었다.

김을동 의원은 김좌진 장군 흉상제막과 백야 광장 개관식 자리에서 "9억5천만원이라는 경제적인 재원 마련보다 중국 정부가 대한민국 독립유공자를 기리는 사업을 날카로운 시각으로 바라보는 게 더 힘들었다"는 소회를 표출하며 눈시울을 붉혔다. 그래서 백야 광장이 '한·중 우의광장'으로 이름 붙여진 연유를 알게 된다. 김 의원의 아들답게 탤런트 송일국 씨도 "만감이 교차한다"며 벅찬 감정을 이기지 못하는 표정이 연기가 아닌 진심 어린 목소리로 전해와 더욱 가슴을 뜨겁게 했다.

그날 광장을 가득 메운 지역주민인 중국인들도 어쨌든 주민들이 함께 어울릴 수 있는 넓은 공간이 생긴데 대해서는 기쁨을 표시했다. 경기도 수원에서 함께 온 남사당패의 수준 높은 공연이 순국선열의 넋을 달래기도 했고 광장 개관을 축하하는 흥을 한껏 북돋아 주었다.

아쉽게 일정을 마치고 돌아오는 일행의 가슴에도 많은 소감과 소회들이 밀려 온다. 역사는 흘러갔지만 이 애국선열들의 숭고한 의지와 뜨거운 함성, 아픔과 상처가 아직도 현지에 뚜렷이 남아 있는데 진정한 독립과 광복이 우리 앞에 얼마나 현실화되고 있는지 자꾸 반문하게 된다. 암흑의 땅을 박차고 조국광복의 기치를 높이 들었던 그 숭고한 정신과 얼을 오히려 우리 후손들이 훼손하고 있지는 않는가. 과거가 있음으로 해서 오늘이 있고 내일이 있는 법인데, 과거가 헛되지 않도록 더 나은 현재와 미래를 만들어 가야 하지 않을까.

다시, 밤하늘의 별빛을 바라보며 백야 김좌진 장군의 거룩한 공적들이 찬연한 별빛처럼 영원히 우리 역사와 우리 가슴속에 빛나게 해야 하겠다는 다짐을 한다.

발틱 3국 국회의원외교 순방기

에스토니아, 라트비아, 리투아니아 3국 국회의장 공식외교 수행 기록

이명수_국회의원

국민의 권익을 대변하여 활동하는 국회의원의 직무는 입법활동이 중심이지만 그밖에도 국익이나 국민의 권익과 관련된 여러 가지 활동을 한다. 그 중 하나가 의원외교 활동이다. 국회에서 연중 정례적인 의원외교 활동 중에서 가장 큰 활동이 국회의장의 공식 해외 순방이다. 올해 박희태 국회의장의 공식 순방 외교지역은 발틱 3국. 초선의원으로서는 이례적으로 여야 의원 5명과 함께 발틱 3국 순방에 참여할 수 있는 기회를 갖게 되었다.

7월 2일 출국, 7월 13일 귀국하기까지 체코 프라하를 거쳐 에스토니아, 라트비아, 리투아니아 등 발틱 3국을 순방하고 덴마크의 세계적인 디자인재단 인덱스까지 이르는 10박 11일의 빡빡한 일정. 이번 방문의 주요 목적은 발트 3국 의회와 정부지도자들을 만나 교류협력 증진방안을 논의하는 데 있었다.

발틱 3국은 우리나라와 국교가 수립된 지 20여년이 지났지만 국가를 대표하는 3부 요인으로서는 박희태 국회의장님이 첫 방문일 정도로 의미있는 외교 일정이었다.

본래 '발트(Balt)'는 리투아니아(Lithuania)어와 라트비아(Latvia)어로 '희다(white)'는 의미이다. 발트 해(Baltic Sea)는 11세기 '독일 함부르크 대주교들의 해적'이라는 역사서에 'Mare Baticum'으로 처음 등장했다고 한다. 발트해가 허리띠(belt)처럼 긴 모양이라는 점에서 유래하여 그 단어의 음가에서 명명되었다고 한다.

발트 3국은 모두 1990~1991년 소련의 지배에서 벗어난 신흥독립국가로서, 새로운 국가 및 국민 형성(nation-building)을 거쳐 격동적인 발전과정을 밟고 있는 나라들이다. 유럽 북부의 지정학적·전략적 요충지라는 지리적 이유로 과거 오랫동안 소련과 독일, 프랑스 혹은 폴란드, 스웨덴 같은 주변 국가들에 의해 수차례의 침공과 억압을 받았던 역사를 간직하고 있어 끊임없이 외세에 항거하며 민족의식을 지켜온 우리나라와 유사한 민족적 정서를 가지고 있다. 20세기 들어서도 오로지 나라의 독립, 민족의 독립만을 위해 모든 희생을 바쳐 온 북유럽 소수민족 국가들의 현주소를 보여주고 있는 나라들이 바로 발트 3국이다.

이번 방문에서 느낀 점을 요약하면 첫째로는 우리 민족과의 역사적 공감대 때문인지 순방과정에서 만나는 현지인들이 북유럽인 특유의 큰 골격과 신체 조건을 갖추고 있으면서도 눈매는 한결 선하고 순박해 보인다. 다른 한편으로, 강대국들의 야욕에 의한 이민족(異民族)지배의 시련 속에서도 끈질기게 생명력을 지켜온 저력과 끈기를 엿보게도 된다. 우리와 유사한 외유내강(外柔內剛)형의 민족적 정체성과 동질성을 쉽게 찾을 수 있다.

둘째로는 발트 3국의 정치경제적 움직임이 민주주의와 시장경제체제의 우월성에 대한 새로운 평가 모델(model)이 되고 있다는 점이다. 3국 모두 특히 소련의 지배와 사회주의 체제하에서 많은 고난을 겪었으나, 독립 이후 바로 민주주의와 시장경제체제를 채택한다. 3국 모두 체제 전환 이후 NATO와 EU에 가입하면서 정치적 시야는 물론 경제활동의 보폭을 새롭게 넓혀간다. 물론, 초기에는 여타 소련 위성국들과 마찬가지로 원자재와 에너지 공급 부족, 소련시장 상실 등으로 경제규모가 축소되고 활동이 둔화 · 위축되는 어려움을 겪는다.

대체로 90년대 중반부터 21세기 EU와 WTO가입의 장점을 살려가면서 경제회복 수준을 넘어 괄목할 만한 경제성장을 이루게 된다. 그러나 다시 21세기 중반부터 과감한 무역자유화 조치와 투자 급증 등의 긍정적 조치를 취하면서 세계경제의 큰 흐름에 참여하지만 예기치 못했던 세계경제 침체의 흐름 속에서 어려움을 겪는다. 높은 인플레와 재정적자 등으로 고통을 겪었으나, 오늘날엔 점차 이를 회복하면서 경제회복과 새로운 성장추세로 전환하고 있다.

특히, 에스토니아는 세계적으로 이미 IT인프라가 구축된 IT 강국이며, IT산업이 전체 산업의 선도산업으로 자리매김하고 있다. 수도인 탈린(Tallinm)항 개발 등 물류산업과 관광산업을 전략적으로 육성시키고자 온갖 힘을 기울여가고 있다.

라트비아 또한 전통적인 목재산업에서 벗어나 외국인 직접투자(FDI)와 관광산업 부흥, 교역자유화 등 다양한 경제성장 전략을 발빠르게 추진해가는 중이고, 리투아니아도 21세기 들어 민간부문 소비증가, 투자호황, 수출호조 등을 통해 괄목할 만한 고성장을 달성하여 발틱의 '경제호랑이'로 불리며 발트3국 중 최대의 경제 규모를 키워가고 있다.

결론적으로 발틱 3국은 러시아로부터 독립한 후 3개국 모두 서구지향적인 자유시장체제의 정책을 경쟁적으로 추진, 경제는 EU경제권 편입, 안보문제는 NATO 가입 및 미국과의 관계강화라는 실용주의 외교노선을 채택하면서 경제와 외교안보의 양대 목표를 비교적 성공리에 추진하고 있음을 확인할 수 있었다. 다만, 유로 존(Euro Zone)가입은 당초 목표대로 이뤄지지 못하고 있으나 가입시기가 문제이지 가입자체는 그다지 어렵게 보이지 않는다.

박희태 국회의장님을 수행, 북유럽 발트 3국 공식방문 중 7월 8일 리투아니아 수도 빌뉴스에서 안드리우스 쿠빌리우스 총리와 양국 주요 외교현안과 경제 협력에 대해 논의하고 있는 모습.

셋째로, 발트 3국 지도자들의 신념과 열정이 돋보인다. 이번 방문 기회를 통해 미래지향적인 국가지도층의 역할이 어떠해야 하는가를 새삼 절감했다. 발틱 3국 모두의 국가지도자들의 공통점이, 독립한 지 20여년이라는 짧은 역사에 불구하고 지속적인 국가발전의 흐름을 이끌고 있는 중심축에는 바로 젊고 헌신적이며 국민을 위한 열정과 신념이 강한 국가지도자 그룹이 우뚝 서있다는 사실이다.

3개국 모두 고위층 40~50대 젊은 층이 대부분이었으며, 또한 이들은 해외유학 등을 통해 개방적이고 개혁적인 신념과 정책을 계속 추구하고 있다는 점도 쉽게 발견되는 공통점이다. 또한 정치 체제상으로는 내각제를 기초로 하면서 대통령제 요소를 적절히 가미하여 견제와 균형이라는 국정운영 원리가 작동되도록 하고 있는 사항도 주목할 만한 점들이었다.

특히, 여성들의 주도적 역할과 참여가 두드러져 보였다. 3국 모두 국회의장은 여성이며, 리투아니아의 경우 대통령, 국회의장, 국방 · 재무장관 등의 요직을 여성들이 수행하고 있었다. 대부분 전문분야의 학위를 갖춘 테크노 크랫으로 인문사회 분야보다는 의사, 이공계통 전문가라는 점도 눈에 띄었고, 무엇보다 여성이라는 한계에서 벗어나 정부 내에서 적극적이고 실질적인 역할을 하고 있다는 점이 고무적으로 돋보였다.

무엇보다, 그들 모두 검소하고 소박한 집무실과 근무 여건을 보여주고 있고 탈권위주적인 문화와 행태가 몸에 배어 있었다. 라트비아의 젊은 실세 돔브로브스키스 총리(Dombrovskis, 40세)의 경우, 총리 관저에 살지 않고 일반 국민들의 주택가에 이웃처럼 함께 살고 있다는 보좌관의 설명은 인상적이었다.

리투아니아의 그리바우스카이테 대통령(Grybauskaite, 55세)도, 취임 이후 대통령 월금의 50%를 줄곧 정부에 헌납하고 있고 국민과의 실질적인 소통을 중시하는 소신과 정치적 행보로 80%라는 놀라운 국민지지율을 기록하고 있다는 점도 감동적인 대목이었다.

국회의장 공식 외교단의 일원으로 리투아니아 달리아 그리바우스카이테 대통령과 외교협력과 경제교류 확대를 논의하는 모습. 발틱 3국은 여성과 이공계, 젊은 층들이 정부와 국회를 이끌고 있는 모습이 인상적이었다.

넷째로, 역사, 문화, 환경을 강조하는 정책 기조를 더욱 강화하고 있다는 점도 눈에 띄는 대목이다. 특유의 유럽 도시문화가 발트 3국에서도 그대로 보존되고 있다. 에스토니아 수도 탈린(Tallinm), 라트비아의 수도 리가(Riga), 리투아니아의 수도 빌니우스(Vilnius)는 이미 유네스코 세계문화유산으로 등록될 정도로 고대와 중세, 근대에 걸친 문화유산들이 아름답게 배치되어 있었다. 고딕식, 로마네스크, 로코코, 바로코, 신고전주의 등 다양한 건축양식과 디자인이 역사의 숨결을 간직한 채 다채로운 색상과 문양으로 여기저기 수놓아져 있었다.

특히 자연환경이 부러울 정도로 잘 가꾸어져 있다. 가는 곳마다 끝없이 펼쳐진 들녘과 초원, 소나무 · 전나무 · 자작나무 숲, 이름 모를 들꽃들이 아름답게 시야를 가득 메워준다. 녹색으로 칠해진 넓은 공간 속에 빨려 들어가는 듯하다. 에스토니아의 라헤마 국립공원(Lahema national park), 북유럽 최고의 여름휴향지라는 빠르누(Parnu), 라트비아의 유르말라(Jurmala) 해변과 시굴다(Sigullda) 지역, 베르사이유처럼 화려한 룬달래(Rundale) 궁전과 바우스카 성, 리투아니아의 호숫가 트라카 성, 카우스나스의 구시가지(old town) 등 그 자체가 문화유적이고 명소이며 아름다운 풍경으로서 떠난 뒤에도 자꾸만 눈앞에 아른거릴 정도로 인상적인 풍치었다.

또한, 춤과 노래, 영화 · 체육 등 문화 · 체육분야에 대한 관심과 참여도도 높다고 한다. 에스토니아에서 200년 전부터 계속해왔다는 음악축제(song and dance festival)를 참관하면서

깜짝 놀라게 되었다. 10만여 명이 한 자리에 모여 프로그램 별로 며칠 동안 노래와 춤 경연을 통해 스스로 민족의 정체성을 일깨우고 국민적 단합을 추구하는 진지한 모습들이 아주 인상적이었다. 라트비아나 리투아니아도 마찬가지로 춤과 노래가 몸에 배어있고 자연스럽게 생활화되어 있는 듯싶다.

요즘 우리나라 매스컴에서 한참 뜨고 있는 '박칼린'의 어머니의 고향이 리투아니아인데, 그 민족의 음악 애호성이 그녀에게도 함께 전해오고 있으리라는 판단이 현지에서 더욱 실감나게 느껴진다. 리투아니아의 광적인 농구열기, 김기덕 감독의 〈빈집〉이란 영화가 상을 받은 적 있는 국제영화제 열기 등도 귀가 따가울 정도로 여러 번 반복해서 들을 수 있었다. 그와 같은 문화 · 체육적 향유로 인해 발트 3국 국민들이 1인당 GDP 1만 5천~9천불의 소득수준을 뛰어넘는 삶의 만족감과 행복감을 갖고 산다는 설명으로 자연스럽게 이해될 수 있었다.

다섯 번 째, 한국과의 새로운 우호관계 형성이다. 올해가 발트 3국과 수교한지 20주년이 되는 해이지만 아직 공관(대사관) 개설이 안 되어 있는데다, 적어도 우리 정부 고위직이 한 번도 방문한 적이 없었다. 일본의 경우 벌써 2007년 아키히코 천황이 다녀갔고, 발트 3국의 총리나 국회의장도 이미 한국을 수차례 방문한 바 있는 데도 우리 측은 지금까지 외교에 소극적이었다.

혹시 강대국에 약하고 약소국에 강한 모습을 보이거나, 당장 눈앞에 현안이 있지 않으면 찾아 나서지 않는 우리 외교의 한 단면이 여기서도 그대로 나타나지 않는가 하는 씁쓸한 잔상이 남는다.

현지에 와 보니, 그나마 늦게라도 한국정부의 3부요인 중 국회의장에서 이번에 방문한 사실이 다행으로 여겨진다. 더욱이, 에스토니아는 북한과 외교관계를 아예 트질 않고 오로지 일편단심 한국의 입장을 지지해주고 있다. 라트비아와 리투아니아는 북한과 외교관계를 맺고 있지만 한국의 대외정책에 적극 손을 들어주고 있으니, 우리로선 그저 감사할 일이다. 체제 전환 국가이지만 오랜 우호국 관계였던 북한이 아니라 대한민국을 지지해주니 우리 외교로선 큰 관심과 발길을 자주 내밀어야하지 않나 싶다.

과거 역사의 아픔을 오래 간직하고 있어 정서적으로 통하는 면도 있고, 언어도 우랄알타이어 계통이며, 각 나라별로 200여명의 고려인이 한국인을 조상으로 생각하며 살아가고 있으니 더할 나위가 없다. 경제적인 한국의 날 행사 개최, 대학교에 한국학 강좌개설, 한국문화공연, 젊은 인재들의 상호 교환연수 프로그램 운영 등 할 일이 많아 보인다. 길가에서 만나는 삼성휴대폰, 현대자동차가 아산지역 출신으로서의 자긍심을 갖게 하지만, 민간경제 부문 이외에 정부차원의 다양한 상호 접촉 노력의 필요성이 더욱 절실히 다가온다.

돌아오는 비행기 속에서 이번 여정을 다시 되짚어 가보니, 발트 3국이 우리 외교에 어떤 의미이며 앞으로 어떤 관계를 형성해야 하는지, 발트 해변의 수평선에 떠오르던 붉은 태양처럼 생각이 꼬리를 물고 솟아오른다. 이제, 한국과 발트 3국간의 7500Km라는 공간적 거리는 크게 의식할 필요가 없다. 지구 반대 쪽에 살고 있는 얼굴과 언어도 다르지만 상호 노력 여하에 따라 얼마든지 가까운 친구와 이웃이 될 수 있다는 점을 새삼 확인해 본다.

북유럽 발트 3국 순방 이후 일정으로 세계적 디자인 기관인 덴마크의 인덱스(INDEX) 재단을 찾았다. 마침 경남 양산시 나동연 시장 일행을 만나 교류협약식 체결과 함께 기념촬영을 했다. 앞줄 가운데 두 분이 박태 국회의장님과 키그 비드 인덱스 재단 대표, 왼쪽이 나동연 양산시장. 뒷줄 왼쪽에서 두 번째가 필자.

돌아오는 마지막 여정은 덴마크의 세계적인 디자인 재단 인덱스(INDEX). 인덱스는 2002년 설립된 비영리 디자인 재단으로 '더 나은 삶을 위한 디자인'을 목표로 활동하며 2년마다 세계 최대규모 디자인 상인 '인덱스 어워드'를 개최, 세계 문화산업의 주목을 받고 있는 곳이다. 이곳에는 마침 경남 양산시에서 찾아와 인넥스 재단과 교류협약을 체결하는 모습을 함께 할 수 있었다.

10여일 동안 총총한 일정 속에 많은 외국인들을 만나느라 피로감이 누적되었지만, 모처럼 경험한 발트 3국 의원 외교의 보람, 특히 이제 우리 대한민국이 찾아가는 외교에서 한 걸음 나아가 주도적으로 세계의 흐름을 이끌어야 한다는 사명감으로 피로조차 잊은 채 귀국 비행기에 오를 수 있었다.

어린 시절
소풍의 추억

우리에게 나이가 들면서 아련히 잊혀져가는 말들이 있다. 그 중 하나가 '소풍'이다. 당시 어른들은 '원족(遠足)'이라고도 했지만 우리에겐 소풍이란 말이 귀에 익었다. 지금도 가만히 눈을 감고 문득 어린 시절 소풍을 떠올리면 다시금 가슴이 설레면서 삭막한 현실을 떠나 아련하게 정겨운 옛 시절로 돌아가게 된다.

우리 고향 아산의 초등학생 소풍장소는 대개 신정호였다. 지금은 연꽃과 꽃길, 그리고 갖가지 위락시설을 갖춘 국민관광지로 각광받고 있지만 우리 어린 시절 신정호수는 소박한 풍경으로 추억 속에 남아 있다.

당시에는 온양이 손꼽히는 신혼여행지로 각광받던 시절이어서 봄가을 소풍철이면 말쑥한 양복 차림에 기름을 발라 머리를 넘긴 새 신랑과 녹의홍상(綠衣紅裳) 때깔 고운 한복이나 맵시 있는 양장을 차려입은 새 신부가 쌍쌍이 나들이 나온 모습도 적지 않게 볼 수 있던 곳 또한 바로 신정호수였다.

소풍 날이 가까워지면 설레임과 함께 걱정이 앞서기도 한다. 소풍 날 비가 오면 어쩌나 하는 마음이다. 내가 다니던 신창초등학교와 이웃한 모 초등학교와 한 날 소풍을 가게 된다는 소리를 들으면 걱정은 더 커졌다. 그 학교는 소풍이나 운동회 같은 행사가 있으면 어김없이 비가 오는 날이 많았기 때문이다.

소풍가는 날, 날이 궂으면 동네 어르신들께서는 그 학교에서 살던 구렁이를 잡아서 그렇다는 말씀을 해주시곤 했다. 전화가 흔치 않던 그 시절엔 소풍 날 비가 오면 학교에서는 소풍이 미뤄졌으니 가방을 챙겨 등교하라는 방송을 했고, 집이 먼 아이들에게는 학교 가까운 친구들이 비닐 비료포대를 우비 대신 받쳐 쓰고 종종걸음치며 소식을 전하기도 했다.

으레껏 소풍은 정작 가는 날보다 가기 전날이 더욱 설레이기 마련이다. 아이들은 저마다 장기자랑을 준비하느라 춤연습, 또는 삼삼오오 짝을 지어 뒷산에 올라 목청을 높여 노래연습을 하기도 했고 무명 잠뱅이를 걷어 올리고 어른들을 흉내내며 트위스트 춤을 추기도 했다. 입심깨나 있는 아이들은 장소팔 씨와 고춘자 씨의 만담을 흉내내기도 했고 백남봉, 남보원 씨의 성대묘사를 연습하기도 했다.

당시 어린 마음으로는 어른들의 유행가를 흉내내는 것이 멋진 장기처럼 여겨졌다. 텔레비전이 없던 시절 유행가를 배울 수 있는 매체는 라디오가 유일했는데 부르려는 노래가 항시 나오는 것이 아니어서 종일 라디오를 틀어놓았던 전파사 앞에서 서성이며 원하는 노래가 나오면 가사 한 소절도 놓치지 않고 열심히 배워서 연습을 하곤 했다. 아련한 기억으로는 '불나비', '동숙의 노래' 같은 유행가가 인기를 끌었는데 노래가사의 의미도 제대로 모르면서 아이들 앞에서 목청껏 부르고 나면 가수라도 된듯이 우쭐해지곤 했다.

내일이 기다리고 기다리던 소풍이라는 설레임으로 줄달음쳐 집으로 돌아오면 어머님들은 김밥거리를 준비하느라 분주하셨다. 어머님께서 일찍 세상을 떠나신 내게는 김밥 싸주시는 일이 할머님 몫이었다. 요즘에야 김밥집이 많고 늘상 먹을 수 있는 음식이지만 당시만 해도 김밥은 소풍이나 운동회 날에만 맛볼 수 있는 별식이었다.

소풍가는 날 새벽부터 부엌은 김밥 준비하는 냄새가 고소하게 퍼지며 가슴을 더욱 설레게 했다. 명절 때나 맛볼 수 있던 소고기 볶는 냄새, 시금치와 당근을 볶는 냄새, 김밥에 들어갈 계란 지단을 부치는 냄새, 그리고 달큰하고 새콤한 단무지 냄새까지 어린 입에 침이 가득 고이게 했고, 부엌을 풀방구리 드나들 듯 하면서 썰고 남은 꼬투리 김밥을 먹으며 허기를 달랬다.

반장이나 임원들은 선생님 김밥까지 정성스레 준비했고, 상급반 임원들은 함께 상의해서 서무실 직원 분들이나 시환 아저씨 김밥까지 준비했다.

김밥과 함께 간식도 준비했다. 과자가 요즘처럼 흔치 않던 시절이라 삶은 계란, 과일 등이 전부였고 사이다 한 병이 덧보태졌다. 대부분의 아이들은 보자기에 김밥과 간식을 쌌고, 여유가 있는 집 한둘만이 일본식 발음으로 리꾸사꾸라 부르던 등에 메는 룩색 소풍가방과 물병을 준비했다.

또한 소풍은 새 옷과 새 신발을 장만하는 기회였다. 가을 옷은 대개 추석빔으로 얻어 입곤 했지만 봄옷은 봄소풍 전 장날에 맞춰 사주시는 경우가 많았고, 낡은 운동화도 소풍에 맞춰 새로 사주시곤 했다. 이래저래 어린 우리들에게 소풍은 신나고 즐거운 우리만의 명절이나 다름없었다.

소풍가는 날 아침 등교 길은 유난히 부산했고 평소 친하지 않던 아이들까지도 한데 어울려 조잘대며 즐거워했다. 저학년 어린 학생들 손을 잡고 소풍 길을 따라나서는 어머님들도 간혹 눈에 띄었다.

출석을 부르고 나면 교정은 소풍 길을 출발하는 아이들의 웃음소리와 재잘거리는 소리로 가득했다. 신정호까지 지금은 가까운 거리가 되었지만 그때는 꽤나 먼 길이었다. 줄을 이어 소풍지에 도착하면 인원점검을 하고 즐거운 장기자랑이 펼쳐졌다. 선생님들은 박수소리에 점수를 매겨 준비한 공책이며, 학용품을 상품으로 주셨고 몇몇 분은 우리가 웃고 즐기는 사이를 틈타 보물찾기를 준비하셨다.

도장이 찍힌 종이쪽지가 바로 보물찾기의 주인공이었다. 보물찾기 시간이 되면 아이들은 우르르 몰려다니면서 수풀 사이를 헤치거나 돌쩌귀를 들춰보며 열심히 보물을 찾았다. 어떤 아이는 소나무 등피 틈새에서 보물을 찾아내기도 했고 어떤 아이는 가랑잎 사이에서 보물을 찾아내기도 했다. 보물을 찾을 때마다 신정호수 수면에 탄성이 울렸고 운이 좋은 아이들은 두세 개의 보물을 찾아 친구들의 부러움을 사기도 했다.

정신없이 웃고 뛰놀며 즐거운 시간을 보내다 보면 기다리고 기다리던 점심시간. 친한 아이들끼리 모둠으로 둘러앉아 네 것 내 것이 없이 서로 김밥을 나누어 먹었다. 단무지만 넣은 김밥도, 오색 양념을 넣어 보기에도 예쁜 김밥도, 간혹 맨 밥에 김치반찬을 싸온 아이나 도시락을 준비하지 못한 아이도 있었지만 서로 나누어 먹다 보면 정겹기만 했다.

점심 만찬의 멋진 후식은 단연 사이다였다. 혀끝을 톡 쏘며 달큰하게 목을 넘어가는 사이다의 맛은 세상 그 어느 맛과 비교할 수 없을 정도로 환상적이었다. 병을 따다가 쏟아서 울상을 짓는 아이도 있었지만 그것은 잠시뿐이었다. 한 모금씩 아껴 먹는 아이도 있고, 다 먹고 난 사이다 병에 물을 따라 헹궈 마시며 그 맛의 여운을 음미하기도 했다.

점심시간이 끝나면 놀았던 자리를 정리하고 쓰레기를 모아 태웠고 소망과 기대 속에 즐거웠던 소풍은 막이 내렸다. 아쉬운 귀교시간. 몇몇은 학교에 돌아간 다음 모처럼 받은 용돈을 쓸 궁리를 했고, 또 몇몇은 학교 향교 뒤편이나 학성산으로 놀러가자며 여흥을 이어가기도 했다. 그리고는 허전한 축제의 뒷마당처럼 소풍의 뒷전엔 아쉬움이 가득 남았고 다음 소풍은 언제 오려나 멀게만 느껴졌다.

소풍은 어린 시절 세상 그 어느 축제보다 아름답고 흥겨운 우리들의 축제였다. 오랜 만에 어린 시절 소풍을 되돌아보면서 언뜻 신정호의 물내음과 풀내음이 코끝을 스치는 듯하다. 소풍에서 돌아오면 때때 옷 소매에 물들어 있던 연두빛 풀물처럼 남아있는 소풍의 추억.

이제부터라도 소풍가던 어린 날의 그 순수하고 맑기만 했던 행복한 시간을 오늘의 삶 속에서도 가지려고 노력해야겠다는 깨달음이 소풍 날 신정호에 던지던 돌팔매처럼 파문을 일으키며 가슴 속에서 울려나간다.

종석 숙부님 전상서, 하늘결을 목공예로 새긴 선인들의 마음을 배웁니다

지난 늦가을 잎을 떨구고 또 한겨울 성장을 준비하는 나목을 우러르며 온양민속박물관을 찾았다가 숙부님을 생각했습니다. 마침 온양민속박물관에서는 개관 31주년을 기념하여 목가구 특별전이 열리고 있었습니다.

굳이 멀리 가지 않더라도 저희 또한 어린 시절부터 친근한 목가구들. 마을 어르신들은 딸을 낳으면 오동나무를 심으셨고 출가할 때가 되면 오동나무를 베어 소목장을 부르셔서 농과 장이며, 반닫이와 뒤주, 함, 그리고 경대와 소반 등 가구살림을 갖추어 시집을 보내곤 하셨습니다.

어머님께서 '동동구리모' 나 '분' 을 넣어두시고 조석으로 비녀를 고쳐 매시던 경대와 끼니때마다 마주하던 소반과 반상, 벼와 잡곡을 찧어 넣어두던 뒤주, 그리고 이불이며 옷가지를 갈무리해두던 농과 장, 혼서지에서부터 소중한 문서며 패물을 넣어두던 문갑과 함, 사랑방에 족보에서부터 책가지를 넣어두던

책장과 지방을 쓸 때마다 묵향을 피우던 문갑.

지금은 우리 주변에서 사라져 가거나 호사가들의 장식품으로 귀한 대접을 받는 목가구들을 추억하면서 숙부님께서 20여년 전 건네신 책 〈한국의 목공예〉 귀절귀절들이 목가구에 남아있는 해묵었으되 목향 그윽한 나뭇결처럼 선연히 떠올랐습니다.

책에는 "몇 년 걸려 한 책(冊)이 되었다"는 간결한 문구를 덧붙여 주셨습니다.

숙부님을 떠올리면서 생각이 깊어집니다. 장인을 뜻하는 '공(工)'은 하늘(天)과 땅(土)을 이어줌이라는 생각, 또한 우리 동양 정신의 바탕을 이루어 논 '목(木), 화(火), 토(土), 금(金), 수(水)'의 상생과 상극의 원리 그 중 땅에서 물기운을 받아 하늘의 해와 달을 향해 오르는 나무를 가다듬어 그 결에 마음과 소망을 새겨 곁에 두고선 삶의 편린들을 갈무리하여 넣어두거나 내어 쓰면서 함께 생활하던 목가구들. 그 목가구들에는 세월을 뛰어넘어 우리 후세에게 전해오는 삶의 지혜와 슬기가 깃들어 있음을 되새깁니다. 저 또한 이제 저 목가구들처럼 제 삶을 제대로 갈무리하면서 후대에 목향 어린 유산 하나쯤은 남기고 싶다는 소박한 소망도 함께 다짐해봅니다.

많은 생각을 안고 목가구 전시장을 나서 다시 하늘을 우러르며 서있는 나목의 길로 나섰습니다. 이제 '무엇이든지 하고 싶은 대로 하여도 법도에 어긋나지 않는다(七十而從心所欲 不踰距)'는 칠순을 훨씬 넘기신 숙부님의 모습을 그리면서, 수십 년 목향 은은한 목가구에 새겨지고 담겨온 선인들의 정신과 삶을 반추해보았습니다.

가까운 식목일에는 다시 새로이 제 삶을 가다듬으며 나무 한 그루를 심어야겠다는 다짐과 함께 한식에 찾아뵙기를 기약 올립니다. 예부터 '민심(民心)은 천심(天心)'이라 하여 하늘을 백성의 마음에 비유했습니다. 늦깎이 정치의 길을 가는 저 또한 한 그루의 나무로 하늘의 민심을 향하고 받들면서 어느 날 소목장 한 분을 만나 우리 후대의 살림 한 켠을 지키고 보듬어줄 수 있었으면 좋겠습니다.

평생 선비의 품격으로 진실과 역사의 숨결을 기록해오신 숙부님의 삶을 우러르며 자손들에게 주시는 목향 은은한 삶의 지혜와 가르침을 새삼 깊이 새깁니다. 가까운 날 뵈올 때까지 강령하시길 바라옵니다.

조카 이 명 수 올림.

여름방학에 권하는
'동방의 플리머스, 충청문화 체험'

이제 여름방학이 시작된다. 많은 학부모님들이 휴가계획과 함께 이번 여름방학에 우리 아이들에게 어떤 체험과 어떤 추억을 만들어 줄 것인가를 두고 고민하실 때다. 이번 여름방학에는 우리 충청문화 체험을 추천하고 싶다. 우리 충청의 청소년과 어린이들이 우리 충청의 문화와 전통을 어떻게 가꾸고 창조적으로 발전시키느냐에 따라 우리 충청의 미래가 좌우된다는 신념 때문이다.

미국 보스턴 근처에 가면 조그만 항구가 있다. 1620년 102명의 영국 청교도 필그림 파더스(Pilgrim Fathers)가 메이플라워(Mayflower)호를 타고 아메리카 대륙에 첫 발을 내디딘 플리머스(Plymouth) 항이다.

이곳에서 60km 정도 떨어진 보스턴은 초창기 영국 식민지 시대였던 1636년 세워진 하버드 대학으로 더욱 유명하다. 찰스강을 사이에 두고 MIT와 함께 미국 지성의 상징이자 '미국의 아테네' 라고도 불리고 있다. 미국인들은 불과 2세기 동안의 역사 속에서 세계의 지성이자 미국문화를 상징하는 보스턴시를 건설했고 오늘날 세계를 향한 자부와 긍지로 가꾸어가고 있다.

'진리(Veritas)' 를 이념으로 설립된 하버드 대학은 대통령 7명, 노벨상 수상자를 43명 배출한 미국의 리더십과 지성의 상징이다. 대표적으로는 존 에프 케네디 대통령과 오바마 대통령이 하버드 출신이다. 플리머스와 보스턴은 개척정신인 '프런티어(frontier)' , 또는 '파이오니어(pioneer)' 정신으로 뻗어나갔고 세계, 나아가 우주를 향한 도전과 개척의 상징으로 자리잡고 있다.

우리 충청은 이 못지 않은 전통과 문화를 간직하고 있다. 바로 백제문화와 내포문화가 그것이다. 올해는 수십여 년 가꾸어온 백제문화대전이 열리는 해이다. 1400여년 전으로 거슬러 올라가는 백제문화의 시원은 불교를 비롯한 동방문명을 한반도에 꽃피웠을 뿐만 아니라 일본에 전하여 동북아 문명의 중심으로서의 역할을 하였다. 이를 근세사에서 창조적으로 계승하면서 다시 한 번 꽃피운 것이 내포문화다. 쇄국과 위정척사의 근시에 갇혀있던 조선에 서구 문명을 일깨웠던 천주교 전래의 성지가 내포문화의 상징이요, 조선 후기 중상주의의 상징이던 보부상 문화 또한 내포문화의 유산이다. 우리 민중의 주체적인 자각으로 근대의식의 기치를 드높였던 동학혁명이 북상하였던 곳도 내포문화권이었다.

비록 내포문화권 개발에서 제외된 안타까움이 있지만 내포문화권에는 엄연히 아산도 포함된다. 110여년 역사의 공세리 성당이 대표적인 곳이다. 공세리 성당과 더불어 삽교천과 아산방조제, 아산온천과 온양온천, 도고 온천에서 휴양을 즐기면서 현충사와 외암민속마을 등을 둘러 보는 것도 좋은 추억을 만들어줄 수 있을 것이다.

아산을 지나 예산으로 가면 신암면 소재 여사울 성지를 만난다. 바로 이존창 순교자의 성지로 1784년 첫 영세자 이승훈 선생과 더불어 한국천주교회의 중심역할을 했던 곳이다. 예산에서는 추사 고택, 임존성, 충의사, 수덕사, 윤봉길 선생의 유적 등과 보부상의 유산, 덕산온천도 즐길 수 있다.

예산에서 서쪽으로 심훈 선생의 문학 산실 필경사가 있는 상록수의 고장 당진에서는 김대건 신부 생가인 솔뫼성지, 합덕 성당과 신리성지를 만날 수 있다. 주변에 행담도, 함상공원이 있는 삽교호관광지, 왜목마을, 대호방조 제와 도비도, 난지도가 위치해 있다. 당진은 조선시대 실학자 연암 박지원 선생이 고을원을 지내며 후학들과 이용 후생의 뜻을 가꾸었던 곳이기도 하다. 중간에 홍성의 김좌진 장군, 한용운 선사의 생가와 유적도 꼭 들러봐야 할 곳들이다.

예산과 당진에서 충청권 내륙 남부로 향하면 충청인의 숙원이었던 백제문화권 개발이 드디어 백제문화대전으로 꽃피는 공주와 부여를 만날 수 있다. 공주의 공주박물관과 공산성, 곰나루, 무령왕릉, 그리고 부여의 고란사, 백마강, 부여박물관 등은 백제문화의 진수를 체험할 수 있는 곳이다. 공주와 부여를 거쳐 논산의 황산벌, 계백장군의 묘소와 유적도 빼놓을 수 없다.

우리 어린이와 청소년에게 이번 여름방학에 백제문화와 내포문화, 그리고 충절의 고장 충청체험을 권하고 싶은 이유는 우리 충청을 미국 보스턴 못지 않은 동방, 즉 동북아 문명의 요람으로 부흥시켜 세계를 향할 수 있게 하자는 데에 있다. 우리 어린이들과 청소년들이 바로 우리 충청의 백제문화와 내포문화, 그리고 충절의 정신을 세계 속으로 뻗쳐 나아갈 주역임을 깊이 새긴다.

이제 곧 여름방학을 맞는 우리 어린이와 청소 년들에게 충청 체험여행과 함께 인도의 시성 타고르가 3.1운동의 정신을 기려 헌사한 '동방의 불빛'이라는 시 한 편을 함께 읽어주고 싶다. 그리고 이들이 충청에서 시작하여 세계를 향해 드높은 꿈과 이상을 펼쳐가기를 기원한다.

"진정한 아산인의 사표
동성제약 故 이선규 회장을 기립니다"

지난 3월 17일 아산시 둔포면 관대리 둔포농공단지 동성제약 아산공장에서는 고(故) 송음(松陰) 이선규 회장 추모 1주기 행사가 열렸습니다. 이선규 회장은 1924년 아산 둔포에서 태어나 온양고를 졸업한 후 약관의 나이에 제약업계에 투신한 이후 약업인으로서 한길을 걸으면서 1957년 동성제약을 창업, 한국 현대 제약사에 큰 획을 긋는 삶을 살았습니다. 동성제약보다는 배탈설사약 정로환, 염색약 양귀비와 훼미닌, 오리리 화장품 등의 브랜드로 더욱 잘 알려진 기업인이 바로 고(故) 이선규 회장입니다.

동성제약은 약다운 약이 없었던 시절 한국인의 대표적인 배탈-설사약 정로환을 생산했고 50여년 동안 새로운 치료기능을 보완, 미국 FDA의 인증까지 받으면서 국민의 사랑을 받아온 아산의 기업입니다. 또한 국내에선 처음으로 끓이지 않는 염색약 양귀비 개발을 시작으로 컬러 염색시대를 개척했고 이를 세계시장에 보급 하면서 염모제의 선구적인 글로벌 기업으로 성장해온 기업이기도 합니다.

오리리 화장품으로도 잘 알려진 동성제약은 오늘날 고기능성 웰빙화장품으로 세계시장에 진출, 염모제와 함께 글로벌 경영시대를 열어가고 있습니다. 최근에는 치매 치료를 비롯한 첨단 의약품 제조기업으로서 세계를 향해 제2의 도약을 꿈꾸는 아산의 대표기업이기도 합니다.

고(故) 이선규 회장은 비록 세상을 떠나셨지만 우리 아산인에게 꼭 기억해야 할 교훈을 남겼습니다.

첫째는 약업보국으로 시작해 세계시장을 개척한 글로벌 마인드입니다. 이선규 회장은 미국, 일본, 독일 등 제약 선진국과 끊임없는 기술제휴와 연구개발을 통해 이들 선진국의 인증을 받고 다시 이들 선진 각국에 수출하는 약업보국의 신념을 실천했고 싱가포르, 베트남, 중국, 홍콩, 말레이시아, 중남미, 파푸아뉴기니아 등 전 세계 시장을 개척 하는 글로벌 경영시대를 열었습니다. 이라크전 당시에는 이라크 난민 돕기 캠페인에 참여, 대한적십자사를 통해 5천만원 상당의 구호의약품을 전달하는 등 글로벌 봉사를 실천하기도 했습니다.

둘째는 사회환원을 통해 봉사하는 기업인 으로서의 마인드입니다. 고(故) 이선규 회장은 '봉사하는 인생' 이라는 철학으로 기업이윤을 국민건강 향상을 위해 사회에 환원하고자 '나눔, 실천, 봉사'의 캐치프레이즈 아래 사회복지 사업, 장학 사업, 학술지원사업 등을 실천해 왔습니다.

1994년 설립된 송음학술재단(구 동성장학재단)은 16년 동안 소년소녀가장을 비롯한 다음세대 257명에게 3억8천여만원의 장학금을 지원하는 등 후원 활동을 펴오고 있습니다. 또한 1996년부터 회사에서 후원하는 직원봉사단은 각지의 경로당과 어려운 어르신들을 찾아 봉사활동을 펴고 있고, 송음학술재단(구 선희복지재단) 산하에 노인복지원을 운영하고 있기도 합니다.

1998년 제정된 이선규 의약학상은 올해로 12회를 맞고 있고, 지난 3월에는 13번째 송음(松陰) 여약사 봉사상 수여식을 갖기도 했습니다. 비인기 종목인 핸드볼과 배드민턴 등 스포츠 팀을 통해 LA올림픽 배드민턴 금메달리스트 방수현 선수를 배출하는 등의 성과로 사회에 기여하기도 했습니다.

셋째는 뿌리를 잊지 않고 지역과 함께하고 지역에 기여하는 공동체 정신입니다. 고(故) 이선규 회장은 아산인 으로서 고향을 잊지 않고 1997년 충남 아산시 둔포면 둔포 농공단지 4만 3천여평의 부지에 약 380억 규모의 신공장과 중앙 연구소를 준공, 아산지역의 고용창출과 지역경제에 기여하고 있습니다.

또한 지난 해에는 세계적인 불황이라는 어려운 경제여건 속에서도 도급제로 운영되던 의약외품 포장부문을 직영화하여 비정규직 47명을 전원 정규직으로 전환, 제16회 충남북부 상공대상 시상식에서 고용창출대상을 받았고, 순천향대를 비롯한 각 지역대학과의 산학협력으로 지역사회와 함께하고 있기도 합니다.

지금도 동성제약 홈페이지에는 생전의 모습과 목소리로 고 이선규 회장의 인사말이 게시되어 있습니다.

"동성제약은 '인류사랑/인류애'를 모토로 최상의 의약품과 미용제품을 공급하며 생활의 질을 개선하고 인류 건강을 증진시키는 것을 테마로 추구하고 있습니다. (중략) 21세기, 동성제약은 다음 세대를 위한 보다 편안하고 안락한 쉼터를 제공하는 풍성하고 싱그러운 한 그루의 큰 나무가 되기 위해 오늘도 쉴 틈 없이 전진하고 있습니다."

아산 출신의 기업인으로서 80평생을 약업인으로서 한길을 걸어오면서 아산은 물론 세계에 발자취를 남기고, 고향으로 돌아와 둔포면 봉재리 선산에 뼈를 묻으신 고(故) 이선규 회장. 그의 삶과 자취는 우리 아산인의 사표로 삼아 부족함이 없다는 소신입니다. 이제 고인의 영정 앞에 그 분의 아호(雅號) 송음(松陰)이 상징하는 깊은 뜻을 되새깁니다. 그리고 울울하게 솟은 동성제약과 고(故) 이선규 회장의 솔향기 가득한 그늘 아래에서 우리 아산의 후배들과 후손들이 그가 남기신 유지를 본받아 봉사의 정신과 글로벌 마인드를 배우고 실천 하면서 우리 아산의 미래를 열어나가길 기원합니다.

故 김용래 선배님의
'아산사랑, 충청사랑, 나라사랑'

아산 배방면 휴대리 출신으로 74년 평생을 한결같이 고향 아산사랑과 충청사랑, 그리고 나라사랑에 헌신하셨던 김용래 선배님께서 지난 2월 20일 세상을 떠나셨습니다. 심근경색으로 쓰러지신 것이 충청향우회 강남지역 모임에서 축사를 하신 직후였다는 소식에서 고인의 고향사랑의 신념을 대하는 것같아 빈소를 향하는 발걸음을 더욱 안타깝게 했습니다.

사후에 더 아름다운 숨은 사랑의 모습

빈소에서 첫 눈에 띈 것은 환경미화원들의 모습이었습니다. 온 국민에게 88서울올림픽을 성공으로 이끈 서울시장으로 기억되고 있는 김용래 선배님은 서울시 환경미화원들에겐 아버님같은 분이었다고 합니다. 그들은 서울시장 시절 새벽에 불쑥 쓰레기 수거 현장에 나타나 "밥은 먹었어? 고생 많아, 힘내라." 며 어깨를 두드려주던 김용래 선배님을 추억했습니다. 서울시장 시절 김용래 선배님은 형편이 어려운 미화원 가족들에게 쌀과 돈을 보태주고 자녀들에겐 장학금을 지급해 주었다고 합니다. 미처 모르고 있던 김용래 선배님의 숨겨진 사랑의 모습을 새삼 발견한 것 같아 더욱 안타까웠습니다.

죽음의 순간까지도 충청향우회 등에 헌신

아산의 어르신들께선 김용래 선배님을 천재라 부르셨습니다. 제가 처음 뵌 것은 중앙공무원교육원장 시절이었습니다. 늘 활달한 웃음과 함께 이어지던 명강의와 창의적인 사고는 당시 저희 같은 젊은 공직자들의 잠자는 정신을 일깨워주셨습니다.

서울대 법대를 졸업, 고등고시를 거쳐 공직에 입문하신 후 청와대 수석비서관, 경기도지사, 서울시장, 총무처 장관 등의 직무를 수행하셨고, 공직에서 물러나신 후에는 덕성여대 총장, 충남발전협의회장 등을 역임하셨습니다. 돌아가시는 순간까지도 충청향우회 중앙회장, 한국학중앙연구원 이사장, 국민통합 전국실천협의회장 등의 직무를 맡아 동분서주하셨습니다. 돌아가신 이유도 과로로 인한 것으로 알려져 빈소를 찾는 이들을 더욱 가슴 아프게 했습니다.

영원한 아산인으로 기억될 '아산사랑'

김용래 선배님께서 저희 후배들에게 남기신 첫째 유업은 아산사랑의 정신과 실천입니다. 부음을 듣고 문득 떠오른 생전의 말씀 중 하나가 사석에서 남기셨던 온양온천 이야기였습니다. 어머님의 손을 잡고 20여리 길을 걸어 온양온천에 다녔던 어린 시절을 추억하시면서 고향 어르신들께 들은 이야기를 하셨습니다.

"사람이 죽어 저승에 가면 온양온천을 다녀왔느냐고 물어보고, 온양온천을 다녀온 사람들은 깨끗한 사람으로 분류했을 정도로 유명하다"시며 고향 자랑을 하셨습니다. 또 선배님께서는 자신이 자란 배방면은 청백리 맹사성 선생 고향임을 늘 자랑스럽게 생각하셨고, 이 충무공을 가슴에 기리며 공직관을 키워왔다고 추억하시면서 아산인임을 항상 자랑스럽게 여기셨습니다.

2년 전에는 아산시립남산도서관에 자신이 소장하던 도서 1만여권을 기증하여 아산의 다음세대를 위한 사랑을 실천하시기도 했습니다.

스스로 늘 아산인임을 자랑스러워하면서 아산이 한국경제의 중심지로, 그리고 아산만이 대 중국교역의 최대 경제권으로 발전하기를 기원하시던 생전의 아산사랑의 모습, 그리고 한편으론 도시화와 발전으로 아산의 문화적 정체성과 공동체의 전통이 흐트러지는 것을 우려하시던 모습은 우리 후배들에게 "아산을 산업과 경제의 중심으로서 뿐만 아니라 정신과 문화의 고장으로도 발전시키라"는 과제를 남기신 것 같아 어깨가 무거워짐을 느낍니다.

'엄청도論'에 깃든 '충청사랑'

김용래 선배님의 마지막 직함 중 하나가 충청향우회 중앙회장이었습니다. 평소 선배님은 나라가 어려울 때에는 분연히 나서서 조국과 민족을 구했던 역사 속의 충청인의 충절과 기상을 상기시키면서 "충청도는 엄청난 사람들이 모인 엄청도"임과 함께 진정한 충청사랑을 역설하셨습니다. 충청인이 대전 충남북 500만명, 출향인사 700만명으로 전국민의 25% 가까이를 차지함에도 공직사회에서 이에 훨씬 못미칠 정도로 홀대받는 현실을 늘 안타깝게 생각하시기도 했습니다. 그리고 이러한 원인 중 하나가 해묵은 지역감정이라는 점을 인식하시고는 충청향우회 중앙회장 활동과 더불어 전국 8도 향우회 연합모임인 국민통합전국실천협의회를 만들어 민간 차원에서 지역감정을 극복하자는 범국민 운동에 앞장서기도 하셨습니다.

지방자치 발전과 한국학으로 실천했던 나라사랑

돌아가실 당시 또 하나의 직함이 (재)한국학중앙연구원 이사장이셨습니다. 미국 일리노이주 AURORA대학에서 수학하며 법학박사를 받기도 하셨던 김용래 선배님은 과거 정신문화연구원의 후신인 (재)한국학중앙연구원 이사장을 맡아 우리 대한민국이 국제적인 역량을 강화하기 위해서는 세계 각국에 지한파(知韓派), 즉 한국을 잘 아는 세계인들의 인맥을 넓혀 나가야 한다는 소신으로 한국학중앙연구원의 글로벌 영역을 개척해 나가시기도 했습니다.

지방자치와 분권에 기여한 역할도 우리 국가발전에 크게 기여한 공으로 후배들에게 귀감이 되고 있습니다. 고(故) 김보현 전 장관과 함께 저술한 〈지방행정의 이론과 실제〉는 로컬 거버넌스 분야의 바이블로 꼽히면서 2006년 한국지방자치학회 '지방자치상'을 수상할 정도로 후배 공직자들에게 큰 귀감으로 기록되고 있습니다.

과도기의 지방자치가 여러 가지 문제로 몸살을 앓던 2000년대 초반 조선일보를 비롯한 언론을 통해 역설했던 "지방자치 개혁안, 25% 자치로는 안된다. 분권은 과감하게, 책임은 엄격하게 지우자"던 목소리는 6년여가 지난 오늘날 지방행정체제 개편과 관련, 선구자적인 방향을 제시한 업적이 아닌가 되새겨집니다.

우리 곁에서 더 사시면서 아산과 충청, 나아가 나라를 위해 일하셨을 모습을 이젠 더 이상 못뵙게 되어 애통한 마음입니다. 하지만 그 호탕한 웃음, 그리고 천재적이면서도 노력을 아끼지 않았던 숨은 땀과 열정은 이제 우리 아산인과 충청인, 그리고 온 국민의 가슴 속에서 영원히 살아 맥박칠 것을 믿습니다.

고(故) 김용래 선배님의 영전에 아산인의 이름으로, 그리고 충청인과 국민의 이름으로 생전의 유업만큼이나 아름다운 꽃 한 송이 올리는 마음으로 깊은 추도의 절을 올립니다.

"선배님, 천국에서도 온양온천의 깨끗함을 누리 시며 후손들의 아산과 충청, 그리고 조국을 음호 (陰護)해주소서."

365일을 하루같이
'진정한 아산인'을 키우는 마음

올해로 방정환 선생이 일제 치하에서 어린이 날을 제정한 지 87년째를 맞았습니다. 어린이날 저는 우리 아산의 여러 어린이를 위한 모임에 참석하여 고사리손을 잡고 그 초롱초롱한 눈망울을 마주하면서 365일 어린이날이어야 한다는 다짐을 다시 한 번 되새겼습니다.

소파 방정환 선생의 선각자적인 어린이 사랑

소파 방정환 선생께서 3.1운동 직후 '색동회'를 중심으로 선포하고 시작한 '어린이날' 제정은 세계적으로도 선각자적인 유업이었습니다. 우리가 흔히 선진국으로 생각하는 20세기 초까지의 유럽은 산업혁명 이후 아동학대와 아동노동의 어두운 역사를 가지고 있었습니다. 이 시대를 배경으로 한 〈피노키오〉나 〈피터팬〉과 같은 문학작품이 당시 유럽사회의 아동노동과 아동학대의 부조리한 현실을 비판하면서 이를 깨우치자는 계몽적 성격을 가지고 있다는 사실이 이를 증명하고 있습니다.

따라서 비슷한 시기, 일본제국주의의 억압 아래에서 어린이 날을 만들고 우리 어린이들에게 늘 꿈과 희망을 심어주고자 했던 방정환 선생의 높은 뜻은 세계적으로도 선각자적인 업적 이라 할 수 있습니다.

저는 소파 방정환 선생의 선각자적인 어린이 사랑을 가슴 깊이 새기면서 1년 365일 어린들이 꿈과 희망 으로 살아갈 수 있는 세상을 다짐해봅니다.

365일 어린이날이도록 하는 3가지 다짐

먼저 365일 어린이날이도록 하려면 어떻게 해야 할 지를 소파 방정환 선생의 말씀 세 가지와 함께 되새깁니다.

첫째, "어린이들을 내려다 보지 말고 쳐다보자" 라는 말씀입니다. '어린이는 어른의 스승' 이란 말이 있듯이 우리 어린이들의 천진하고 순수한 마음은 어른들이 본받아야 할 거울입니다. 따라서 우리 어린이들을 마주할 때는 내려다보며 하대할 것이 아니라 늘 무릎을 꿇고 눈높이를 맞추어 어린이들의 입장과 처지에서 대하면서 대화를 나누어야 한다는 것이 방정환 선생의 가르침이라 생각합니다.

둘째는 "우리 어린이들이 잘 먹고 잘 자며, 마음껏 뛰놀 수 있게 하자"는 말씀입니다. 오늘날 영양과다와 비만으로 고통받는 어린이도 적지 않지만, 하루하루 끼니를 걱정해야 하는 결식 어린이도 적지 않습니다. 평일에는 학교에서 무료급식으로 끼니를 때우지만 주말과 휴일, 또 방학이면 끼니를 걱정해야 하는 우리 어린이들의 먹거리를 해결해주어야 합니다. 우리 지방자치단체와 정부, 또 기업과 지역모임에서 우리 주변에서만큼은 끼니를 거르는 어린이가 없도록 노력해야 합니다. 또한 범죄와 학대의 공포로부터 우리 어린이들이 안전할 수 있는 사회 안전망을 구축하고, 도시계획에서부터 어린이들이 안전하게 보행할 수 있는 교통안전체계를 배려해야 하며, 나아가 어린이들이 마음껏 뛰놀 수 있는 놀이공간과 문화공간을 확충해 주어야 합니다.

셋째는 "만일 어린이들을 꾸짖을 때에는 이유를 분명히 알 수 있도록 하라"는 말씀입니다. 저도 아이들을 키우면서 늘 반성하는 것 중 하나가 바로 올바른 꾸짖음입니다. 사실 제 소견으로는 어른부터 모범을 보인다면 꾸짖을 일이 없으리라는 생각입니다. 굳이 꾸짖어야 할 일이 있을 때조차 부모나 어른이 함께 벌을 받으며 함께 반성하는 것이 참된 꾸짖음이 아닐까 생각합니다.

어린이들의 꿈을 이루어 주는 멘토가 되자!

방정환 선생의 선각자적인 어린이 사랑을 가슴에 되새기면서 우리 세대의 어른들이 해야 할 일들을 생각합니다.

어린이들에겐 꿈을 현실의 거울로 비추어줄 역할 모델이 필요합니다. 위대한 인물들의 어린 시절에는 늘 꿈을 현실로 바꾸어 준 역할모델, 즉 멘토가 있었습니다. 누구나 잘 알고 있듯이 헬렌 켈러에게는 앤 설리번 선생님이 있었습니다. 또한 18세 소년 시절 케네디 대통령과의 만남은 소년 반기문을 한국을 대표하는 외교관으로, 그리고 오늘날 세계평화를 주재하는 유엔 사무총장으로 만들었습니다.

저는 이러한 뜻으로 모교인 신창초등학교 100주년 기념행사를 계획하면서 각계에서 입신한 어른 선배들이 우리 어린이 후배들의 꿈을 이끌어줄 멘토가 되자는 제안을 한 적이 있습니다.

공직자가 되고픈 어린 후배들에겐 저희 같은 공직자가, 사회정의를 위해 일하고 싶은 어린이들에겐 경찰이나 법조인 선배가, 우리 후배 어린이들과 따뜻한 다과를 나누며, 눈높이를 맞추어 고사리 손을 잡아 이끌어준다면 우리 어린이들의 꿈을 현실로 이끌어주는 작지만 소중한 멘토 역할을 할 수 있지 않을까 생각합니다.

진정한 아산인으로 기르자

끝으로 저는 우리 아산의 모든 후배 어린이들이 아산의 전통과 정신을 계승하면서 아산을 잘 알고 진정 아산을 사랑하는 세대로 자라도록 북돋아주어야 한다고 생각합니다.

아산에는 우리 어린이들이 본받아야 할 위인들과 훌륭한 정신이 있습니다. 이 충무공과 맹사성 선생, 장영실 선생과 이지함 선생, 윤보선 전 대통령과 얼마 전 작고하신 고 김용래 전 서울시장, 그리고 오늘도 한국문화의 큰 획을 긋는 활동으로 모범을 보이는 이어령 전 문화부장관 등과 같은 분들이 바로 우리 어린이들이 본받아야 할 분들입니다.

이제 우리 아산의 어린이들이 이러한 아산인의 정신과 전통을 본받으면서 아산을 발전시킬 수 있는 지혜와 능력, 그리고 인성을 겸비한 동량으로 무럭무럭 자랄 수 있도록 저를 비롯한 우리 기성세대가 해야 할 일들을 생각해봅니다.

글로벌 마인드의
부부상과 가치관이 필요하다

2007년 부부의날이 제정되어 올 해로 3년째를 맞았다. 어린이날, 어버이날이 모여있는 가정의 달 5월에 부부의 날을 새로 제정한 것은 부부가 건강한 가정의 중심이기 때문일 것이다. 실제로 부부 사이의 불화와 파경은 가정의 해체로 이어지고 그 직접적인 피해는 대부분 어린이와 어르신에게 고스란히 돌아가게 된다.

옛 선비들은 가정에서 꼭 들려야 할 3가지 소리를 꼽으면서 가정의 중요성을 강조했다. 즉 집안에는 늘 선비와 아이들의 책 읽는 소리, 아녀자의 밥 짓는 소리, 그리고 웃음소리 이 3가지가 끊이지 않아야 한다는 가르침이었다. 하지만 세태가 변하면서 부부간의 덕목과 가치관도 변하고 있고, 새로운 가치관이 정립되지 못한 상태에서 부부간의 불화나 파경은 많은 사회문제의 원인이 되고 있다.

급격히 변화하는 부부간의 가치관과 덕목

114 전화안내 서비스를 제공하는 코이드가 지난 5월 21일 부부의날을 맞아 사내 주부 상담원들을 대상으로 조사 발표한 '배우자에게 보내고 싶은 문자메시지'를 보면 최근 남녀 사이의 가치관과 부부관의 변화를 단적으로 엿볼 수 있다.

20~30대 주부들은 '난 당신의 로또, 행복한 줄 알아~ 이것들아~', '같이 살아줘서, 고맙지? ㅋㅋ' '너무 오래 함께 하다 보니 서로의 소중함을 망각하는 것 같아. 잠시 떨어져 있어 볼까? ㅋㅋ' 등이었다.

'용돈 줘', '선물은 돈으로 줘' 등 직설적인 문자들도 눈에 띄었다. 대부분 반말 투의 특징과 부부간의 동등함을 강조하고 경제적 분립 등에 바탕한 새로운 가치관들을 엿볼 수 있다.

반면 40~50대의 기혼 상담원들은 '함께 살아줘서 고마워', '당신을 만난 것이 내 인생의 최대 행운입니다', '태어나서 첫 번째 잘한 일이 당신과 결혼한 일', '다음 생에도 다시 만나길', '영원히 사랑하면서 재미있게 삽시다' 등 감사의 마음이 담긴 감동적인 문자메시지를 선호했다. 상대방을 향해 존대어를 쓴다는 특징과 감사의 마음, 그리고 상대방을 존중하는 가치관과 태도를 엿볼 수 있다.

가정의 화목과 평화를 위해 부부간에 지켜야 할 가장 소중한 덕목으로는 모든 세대가 공통적으로 '배려'를 제일 조건으로 꼽았다. '믿음, 대화, 일찍 귀가하기, 집안일 도와주기' 등의 답변 또한 공통적인 덕목으로 뒤를 이었다.

경제문제 집착, 물질화되는 부부갈등과 이혼

이러한 부부간의 가치관과 덕목의 변화는 남녀 평등이라는 긍정적인 측면과 함께 지나치게 경제문제에 집착함으로써 부부간의 행복체감도가 경제적 척도에 의해 좌우되거나 가정 파경의 원인이 되는 등 부정적인 측면이 지적될 수 있다.

실제로 통계청이 집계한 1996~2008년 사이 12년 동안 이혼건수별 주요 사유로 '경제 문제'가 늘고 있는 추세다. 1996년 2,819건으로 전체 이혼사유의 3.5%에 불과했던 '경제 문제'는 지난 해 1만 6,565건으로 전체의 14.2%를 차지했다. 12년 만에 4배 가까이 증가한 것이다.

외환위기 이후 이혼율이 지속적으로 증가한 것은 경제적 문제와 이혼의 밀접한 연관성 때문인 것으로 분석되고 있다. 특히 2000년대 초반 들어 이혼율이 급격하게 증가하고 있는데 1999년 11만 8천건이던 이혼 건수는 2000년 12만건, 2001년

13만 5천건, 2002년 14만 5천300건, 2003년 16만 7천100건까지 치솟았다.

이렇게 부부를 중심으로 아이를 보호하고 장년층을 공경하고 모시는 전통적 가족상(像)이 해체되면서 그 피해는 곧바로 어린이, 청소년층과 노인층에게 돌아간다는 데에 문제의 심각성이 더하다. 가족의 보호를 받아야 할 이들 계층이 보호를 받지 못하면 사회적 약자층으로 전락하고 사회적 불안의 원인으로 작용하게 되며 복지비용 등 사회적 비용이 증가하게 된다.

보건복지가족부가 집계하고 있는 부모가 없거나 경제적 어려움으로 보호자가 보호를 할 수 없는 요보호 아동의 연도별 현황을 보면, 1998년 외환위기 당시 1만 800명에서 2001년 1만 586명으로 정점을 찍고 2004년 9천393명, 2007년 8천861명으로 줄어들었다가 지난해 9천284명으로 늘어나 7년여 만에 다시 상승세를 보이고 있다.

노인학대 건수도 늘어나 중앙노인보호전문기관의 노인학대 신고접수 건수가 2006년 3천996건, 2007년 4천730건, 2008년 5천254건으로 지속적으로 증가하는 추세다.

여자 혼자 아이를 키우는 이른바 싱글 맘과 남자 혼자 아이를 키우는 이른바 싱글 대디가 늘어나는 것도 경제 위기로 인한 이혼율 증가의 결과로 추론된다. 지난 1985년 59만 4천가구였던 한부모 가구는 2005년에만 104만 2000가구로 20년 동안 두 배 가까이 증가했다.

한부모 가구는 부모가 사별이나 이혼, 혹은 미혼인 경우에도 해당되는데 최근에는 이혼이나 미혼으로 인한 증가 추세가 두드러진다. 이혼과 미혼으로 인한 한부모 가구 비율은 1990년 24.8%에서 2005년 51.9%로 증가한 반면, 사별로 인한 한부모 가구 비율은 1990년 75.2%에서 2005년 48.1%로 감소했다.

부부 파경, 가족해체와 어린이, 청소년 문제로 확산

통계청의 '인구주택 총조사보고서'에 따르면 1975년 5명이었던 평균 가구원 수는 30년 후인 2005년 2.9명으로 줄어들었다. 전통적인 가족상으로 불려졌던 3세대 가족, 즉 조부모 · 부모 · 자녀로 이뤄진 가족은 1970년 전체 가구의 17.4%에서 2005년에는 5.7%로 줄어 30년 사이에 3분의 1 정도로 감소했다. 반면 부부로만 이뤄진 1세대 가구는 1980년 8.3%에서 2005년에는 16.2%로 두 배 가량 늘어났고, 1인 가구도 1980년 4.8%에서 2005년 20%로 4배나 증가했다.

피가 섞이지 않은 '비혈연 가족'은 가족의 연대의식이 퇴색

하면서 생긴 새로운 사회 현상으로, 보건복지가족부가 지난 해 펴낸 '아동 · 청소년백서'에 따르면 비혈연 가구는 2000년 15만 9천231가구 1.1%였던데 비해 2005년에는 22만 5천946가구로 전체의 1.4%로 5년간 7만여가구가 늘어났다.

우리 부부상과 가족상의 가장 큰 변화를 보이는 측면이 바로 다문화 가정의 급격한 증가, 그리고 다문화 가정 이혼율의 폭발적 증가 추세다.

지난 5월 6일 통계청에 따르면 지난해 우리나라 사람이 외국인과 혼인해 꾸린 다문화가정이 3만 6천204가구로 우리나라 전체 혼인건수 32만 7천715건의 11.0%에 해당되는 규모를 유지하고 있다. 결혼하는 열 쌍 중 한 쌍은 한국인과 외국인의 만남이라는 얘기다.

이중 한국남자와 외국여자와의 결혼이 2만 8천163건을 기록하고 있고, 전체 혼인건수의 8.8%를 차지하고 있다. 외국남성과 결혼한 한국여성은 8천041명이며 우리 다문화 가정의 대부분이 전통적인 가정상을 유지하던 농촌지역에 집중되고 있음을 보여준다.

전체 이혼의 10% 가까운 다문화가정 파경 증가

문제는 심각하게 증가하는 다문화 가정의 이혼율이다. 지난 해 한국인과 외국인의 이혼은 1만 1천255건으로 전년에 비해 29.8% 늘었다. 우리나라 전체 이혼 11만 6천500건의 9.7%로 아직은 적은 수준이지만 2002년 1.2%, 2004년 2.4%, 2006년 4.9%로 증가하는 등 2년 단위로 2배씩 증가하고 있다. 특히 한국인 남자와 외국인 여성으로 이뤄진 가정의 이혼율은 39.5% 증가한 7천962건이었다.

아직 다문화가정의 통계가 공식지수로 편입되지 않아 확실하지는 않지만 최근 이혼 후에도 한국 국적을 가질 수 있도록 법이 개정돼 이혼율이 더 높아지고 있는 것으로 보이며, 이는 부부나 가정이 코리안 드림의 도구로 전락하지 않느냐 하는 극단적인 사회문제로까지 번질 가능성이 높다는 점에서 문제의 심각성이 더하다.

세대와 세대 사이의 부부상과 가치관 변화는 한 사회의 가족형태와 가족구성의 변화, 나아가 국가와 지방정부 차원의 복지정책을 비롯한 제반 정책의 변화를 초래한다는 점에서 중요하다. 여기에 앞으로 점증할 것으로 보이는 10%대를 넘어

증가일로에 있는 다문화가정의 부부상과 가치관 변화까지 고려한다면 우리 사회는 이제 글로벌 차원의 새로운 부부상과 가치관 정립의 과제에 직면하고 있다고 볼 수 있다.

글로벌 마인드의 부부상과 가치관 정립이 필요하다

이러한 실정에서 종교계 일각에서 30여년 넘게 조용히 확산되고 있는 ME(Marriage Encounter), 즉 '부부일치운동'은 새로이 한국적이면서도 글로벌 부부상까지 포괄할 수 있는 부부상 정립과 가치관 정립에 시사점을 던져준다. 실제로 1979년 시작된 대구 ME는 지난 30년 동안 6천172쌍의 부부를 대상으로 'ME 주말행사'를 갖는 등 부부사랑 확인을 통한 건강한 가정 만들기에 노력하고 있다.

ME, 즉 매리지 엔카운터의 출발은 이탈리아에서 시작된 기독교계의 일치운동 등과 더불어 사회통합 프로그램의 하나로, 1950년대 말 스페인의 가브리엘 칼보 신부가 대부분의 가정 문제가 불안정한 부부 관계로부터 생긴다고 확신하고 부부 사이의 관계를 강화하도록 한다면 동시에 청소년 들도 돕게 되리라고 생각하면서 시작한 운동이다.

이 운동은 60년대 들어 유럽뿐만 아니라 라틴아메리카, 미국 등으로 급속히 확산되면서 오늘날에는 90여개국에서 활발하게 확산되고 있다.

한국에서는 1976년에 천주교계를 중심으로 시작되어 서울, 안동, 대구, 성남 등지로 조용히 확산되면서 종교를 초월해 다양한 계층의 부부를 대상으로 새로운 부부상 정립과 가치관 창달에 기여해오고 있다.

이러한 새로운 부부상 및 가치관 정립 모델은 이제 종교계뿐만 아니라 우리 정부의 복지정책은 물론, 지방정부, 복지단체 등에서도 정책적 관심과 지원을 모색해야 할 시점이라는 생각이다.

5월 21일을 부부의 날로 제정한 데에는 어린이날, 어버이날과 함께 21, 즉 남편과 부인 2명이 하나(1)됨으로써, 가족 구성원인 어린이, 청소년들과 어버이를 비롯한 어르신이 함께 하여 우리 사회를 건강한 공동체로 변화시키자는 취지가 담겨 있다.

우리가 늘 꿈꾸는 365일 어린이날이자 어버이날인 건강하고 밝은 미래는 365일 부부의날에서 비롯된다는 믿음이다.

설 대목
우리 동네 이발소의 추억

곧 설 명절이다. 설 대목이면 집안에서부터 골목과 상점까지 어느 곳이건 붐비며 활기가 넘쳤다. 이발소도 마찬 가지였다. 어른들에서 아이들까지 동네 이발소를 거쳐가야만 설을 맞을 수 있었다. 추석이나 설 명절 이발소의 추억은 기다림에서 시작된다. "아까 맡아 놓고 갔었다" 며 새치기하는 얌체 어른들도 간혹 있었지만 어린 우리는 항의 한 마디 할 수 없었다. 기다리다가 지쳐 잠이 든 아이들은 차례가 되면 이발사 아저씨의 손에 이끌려 이발소 의자 팔걸이에 놓인 널판 위에 걸터앉았고, 이발을 하는 중에도 연신 코를 훌쩍이며 졸다가 바리깡에 머리를 뜯기고는 소스라쳐 눈을 부비곤 했다.

기계충은 또 어찌나 많았던지. 또래 친구 열에 두엇은 엄지 손가락 크기만한 도장 자욱을 몇 달씩 까까머리 가운데에 달고 다니기가 예사였다. 헤어 스타일이라고 해봐야 상고 머리나 까까중 머리 둘 중 하나였다. 이발을 마치면 머리를 감았다.

분냄새 나는 면도사 아가씨에게 머리를 감는 경우도 가끔 있었지만 대부분은 억센 이발사 아저씨의 손에 머리를 맡겨야 했다. 함석 조랭이에 데운 물을 받아 머리가 얼얼하도록 박박 문질러가며 머리를 감겨주던 이발사 아저씨. 어떨 땐 아저씨도 손이 아프셨는지 가마솥 바닥을 닦는 억센 솔로 대신할 때도 있었다. 머리를 다 감을 때까지 이를 악물고 아픔을 참다가 눈가에 비어져 나온 눈물을 몰래 닦아낼 때도 있었다.

이발사 아저씨는 동네의 최고 멋쟁이였다. 동네 아저씨들은 도회지에 사는 일가 결혼식이나 돼야 바르던 포마드를 매일같이 발라 함함하게 가르마를 탄 모습이었고, 흰 가운 윗주머니에 빗과 가위를 꽂고는 손님을 맞곤 했다. 우리는 이발사 아저씨는 누구에게 머리를 깎는지 궁금해서 내기를 하곤 했다. 자주 바뀌곤 했던 면도사 아가씨는 동네 총각 형들과 아저씨들의 인기를 독차지하곤 했다. 농사 일이 한가한 절기면 이발도 안하면서 하릴없이 이발소를 드나들며 면도사 아가씨에게 농을 거시던 동네 아저씨들은 아주머니에게 들켜 눈총과 싫은 소리를 듣던 모습도 잔잔한 추억으로 떠오르곤 한다.

동네 이발소는 어르신들의 사랑방 노릇도 대신하곤 했다. 마을의 대소사가 말에 발을 달고 이발소에 모였고, 흉이나 소문이 잔잔한 파문을 일으키며 퍼져나가는 진원지도 이발소였다. 손님이 없는 한적한 날이면 라디오의 구성진 가요 소리만 이발소 앞 신작로에 울려퍼지곤 했다.

형들은 초등학교를 졸업하면 상고머리를 박박 밀고 콧수염 거뭇한 중학생, 고등학생 형으로 커갔고, 동네 청년들은 어느 날 아침 더벅머리를 박박 밀고 입영열차를 타러 떠나곤 했다.

이발소에는 멋쟁이 모델 아저씨들의 헤어스타일 사진이 걸려 있었지만 동네 아저씨들은 그런 머리를 따라하진 않았다. 그 옆엔 알록달록한 혁필(革筆)로 써내려 '참을 인(忍)' 자나 '가화만사성(家和萬事成)' 등과 같은 글귀가 담긴 액자가 걸려 있었다. 서양의 어느 먼 나라 풍경같은 이국적인 호수와 산, 붉은 지붕의 양옥집이 그려진 그림이 걸려 있기도 했고, 그림 한 켠엔 "삶이 그대를 속일지라도 노여워하거나 슬퍼하지 말라"는 러시아 시인 푸쉬킨 의 시 구절이 어린 가슴 깊숙이 들어와 "인생은 무엇인가?" 하는 파문을 일으키다가 가라앉곤 했다.

언제부턴가 동네 이발소가 없어졌고 온양읍내에서도 이발소가 하나 둘 자취를 감춰갔다. 지금도 온양 읍내리 구읍에 가면 아직 옛모습 그대로 처마에 제비집이 달린 이발소에서 두 어르신 부부가 열심히 손님을 맞는 정겨운 모습을 만날 수 있다.

가끔 명절이 다가오면 궁금해지곤 한다. 우리 동네 이발사 아저씨는 어디로 가셨을까? 동네 총각 형들의 가슴을 설레게 하던 면도사 아가씨들은 또 어디로 갔을까? 우리가 그 시절 이발소를 가슴 속에 빛바랜 추억으로 간직하고 있듯이 이발사 아저씨와 면도사 아가씨들도 멋쟁이 시절의 추억을 간직하고 어디선가 살아가고 계실 것이다.

설 대목이 가까워진다. 어린 시절보다 살기는 좋아졌지만 사람 내음 가득 붐비던 이발소도, 생기 넘치던 동네 대목 풍경도 사라지고 없다. 어린 시절 이발소의 추억이 못내 그리워지는 것은 나이가 먹어가는 탓일까?

어쨌든 오늘 우리 아파트에나 도시화된 동네에 어르신 따로, 아이들 따로 격리된 공간이 아닌, 옛 이발소처럼 어르신과 청장년, 청소년들과 아이들이 모이고 인사를 주고 받는 소통과 통섭의 공간 하나쯤은 있었으면 좋겠다는 생각을 해본다. 우리 세대가 그랬듯이 우리 아이들 또한 한 가족처럼 어우러지던 마을 공동체의 추억 하나쯤은 간직하도록 해주고 싶은 바람에서다.

졸업식 때면 생각나는
내 마음 속 소녀 '웬디' 양에게

나에겐 영원한 소녀 '웬디' 양, 지금은 어디에서 무엇을 하고 있는지요. 소녀가장이라는 어려운 환경 속에서도 늘 밝고 맑던 웃음 여전히 간직하며 이 땅 어디선가 열심히 살아가고 있으리라 믿습니다.

'웬디'라는 이름, 소녀에겐 생소할 지 모르지만 난 혼자 소녀를 생각할 때마다 〈피터 팬〉에 나오는 영원한 소녀 주인공 '웬디' 양을 생각하며 마음 속으로 그렇게 별명을 붙여 불렀답니다.

제가 우리 '웬디' 양을 마지막 본 것이 벌써 10여년이 넘게 흘렀습니다. 청주에서 고등학교를 졸업하고 일자리를 찾아 사회에 진출했다는 소식이 마지막이었던 것으로 기억합니다.

제가 그리 풍요롭지는 않으면서도 우리 '웬디' 양의 후원자를 자원했던 것은 사실 제 어린 시절의 기억 때문이었습니다. 저는 다섯 살 때 저를 낳아주신 어머님이 형과 누나와 저를 두고 병고로 세상을 떠나셨고, 제가 자라면서 새 어머님은 어린

동생들을 돌보며 살림을 하시느라 저는 할머님, 할아버님의 보살핌 아래 자랐습니다.

솔직하게 돌아보면 공직을 선택한 이유 하나도 생활걱정 없이 살고 싶은 소박한 소망에서 시작되었다고 고백하고 싶습니다. 그리고 제가 새 어머님, 할머님, 할아버님 슬하에서 자라면서 늘 감사했듯이, 제가 자라 어른이 되면 누군가에게 꼭 이 보답을 돌려드려야겠다고 생각했습니다.

보고 싶은 '웬디' 양,

제가 우리 소녀가장에게 마음 속으로 '웬디'란 별명을 붙여드린 것 '웬디'가 주인공으로 나오는 피터 팬의 작가 제임스 매튜 배리(James Matthew Barrie)의 아름다운 정신을 저 스스로 본받고, 또한 우리 소녀가장에게도 이어주고 싶은 조그만 소망 때문이었습니다.

피터팬의 작가 배리는 일곱 살에 형을 잃고 슬픔에 잠긴 어머님을 위해 형의 옷을 입고 어머님의 슬픔을 달래드렸답니다. 저나 우리 '웬디' 양은 어머님께 그럴 기회조차 없었겠지요. 배리는 세상을 떠나기 10여년 전 〈피터 팬〉을 비롯한 많은 작품의 판권과 인세 등 자신의 전 유산을 영국의 오먼드(Ormand) 어린이 병원에 기부했고, 이 병원은 아직도 수많은 배리의 인세와 기금으로 운영되면서 배리의 정신을 기리고 있다고 합니다.

보고 싶은 내 마음 속의 '웬디' 양

지금은 삼십 정도의 성숙한 여인이 되어 있겠죠. 어쩌면 좋은 분을 만나 어머니가 되셨을지도 모르겠네요. 사실 전 '웬디' 양에게 더 자주 못 찾아가고, 더 후원을 하지 못해 늘 미안한 마음을 간직하며 살아왔습니다. 그래서 더 궁금하고 보고 싶기도 하구요. 오륙년 전 한 번 찾아보려고 하기도 했습니다만, 사회에 적응해서 열심히 잘 살고 있다는 소식을 듣고 마음 속으로만 우리 '웬디' 양이 훌륭한 우리 사회의 일원으로 자라기를 기원했습니다.

다시 졸업식의 계절입니다.

많은 우리 어린이들과 청소년들이 그간의 학업을 마무리하고 새로운 시작의 출발선에 서있습니다. 저는 제 마음 속의 영원한 소녀 '웬디' 양을 다시 떠올리며, 행복과 더불어 우리 어린이와 청소년들의 행복한 꿈과 도전을 응원하고 싶습니다. 저 또한 제가 졸업하고 진학할 때마다 가슴에 새겼던 '아프락사스(Abraxas)'의 의미를 함께 되새기고 싶습니다.

"새가 알에서 나오려고 싸운다. 알은 곧 세계이다. 태어나려고 하는 자는 하나의 세계를 깨쳐야만 한다. 그 새는 신을 향해 날아간다. 그 신의 이름은 아프락사스다." 헤르만 헤세의

〈데미안〉에 나오는 한 구절입니다.

저는 보고 싶은 '웬디' 양을 위해, 그리고 우리 어린이들과 청소년들을 위해 변함없이 기도하겠습니다. 아픔을 깨고 만나는 세계, 그 세계는 선의 세계일 수도 있고 때론 악의 세계일 수도 있습니다. 저는 우리 어린이와 청소년들이 알을 깨고 맑은 영혼으로 날아오르며 만나는 세계가 선과 봉사로 가득한 아름다운 세계이길 기도하겠습니다.

우리 아름다운 소년 소녀들이여, 아름다운 미래를 향해 크고 푸르른 꿈을 가지십시오. 그리고 자신 있고 당당하게 새로운 세계로 첫 발을 내디디십시오.